鹏城社区志

LOCAL RECORDS OF PENGCHENG

广东省深圳市大鹏新区鹏城社区志编纂委员会　编

图书在版编目（CIP）数据

鹏城社区志 / 广东省深圳市大鹏新区鹏城社区志编纂委员会编 . -- 北京：方志出版社，2019.12
（中国名村志丛书）
ISBN 978-7-5144-3944-1

Ⅰ . ①鹏… Ⅱ . ①广… Ⅲ . ①区（城市）—地方志—深圳 Ⅳ . ① K296.54

中国版本图书馆 CIP 数据核字（2019）第 273921 号

· 中国名村志丛书 ·

鹏城社区志

编　　者：广东省深圳市大鹏新区鹏城社区志编纂委员会
责任编辑：王　品

出 版 者：方志出版社
地址　北京市朝阳区潘家园东里 9 号（国家方志馆 4 层）
邮编　100021
网址　http：//www.fzph.org
发　　行：方志出版社图书经销中心
电话　（010）67110500
经　　销：各地新华书店
排　　版：北京纺印图文设计制作有限公司
印　　刷：北京中科印刷有限公司

开　　本：787 × 1092　　1/16
印　　张：14.75
字　　数：263 千字
版　　次：2019 年 12 月第 1 版　　2019 年 12 月第 1 次印刷

ISBN 978-7-5144-3944-1　　**定价**：118.00 元

◉序一

中共十九大报告明确提出："坚定文化自信，推动社会主义文化繁荣兴盛。""没有高度的文化自信，没有文化的繁荣兴盛，就没有中华民族伟大复兴。要坚持中国特色社会主义文化发展道路，激发全民族文化创新创造活力，建设社会主义文化强国。"编修地方志是中华民族千百年来的固有传统，留下了浩如烟海的历史文献，承担着传承中华文明、发掘历史智慧的重任，发挥着存史、育人、资政的作用。

在习近平新时代中国特色社会主义思想指引下，在增强文化自信、推动传统文化创造性转化、创新性发展背景下，全国地方志事业迎来了开拓创新与转型升级的重要机遇期。中国地方志指导小组及其办公室组织实施的中国名村志文化工程，用中国独有的文化载体——地方志，来记录乡村的"名"和"特"，记录乡村全面建成小康社会的进程和取得的成就，是地方志围绕以人民为中心开拓创新的具体举措，是传承乡土文化、坚定文化自信、加快建设社会主义文化强国的内在要求，是服务乡村振兴战略、加快全面建成小康社会、推进社会主义现代化建设、实现中华民族伟大复兴中国梦的应有之义。

实施中国名村志文化工程，是方志人贯彻落实习近平总书记"农村要留得住绿水青山，系得住乡愁"重要讲话精神的重要举措。"望得见山、看得见水、记得住乡愁……"习近平总书记用诗意的语言为中国的新农村建设指明了方向。开展新农村建设、美丽乡村建设，一定要把绿水青山保留下来，尽可能在原有村庄形态上改善农民生活条件，不盲目拆旧，也不盲目造新，让家乡的每一条河、每一棵树、每一口井，都能永远成为我们的乡愁。这是我们弘扬传统、面向未来的底气所在。那么，如何留住乡音、乡风、乡思，继承传统文化菁华，挖掘历史智慧，成为极其重要的工作。实施中国名村志文化工程，保护抢救、传承保存、开发利用宝贵的村落文化，重新唤起人们记忆中古老村落的青山绿水、小河大树、轶事掌故，打造完整记录乡村发展嬗变和现代化农村经济社会运行模式的系列中国名村志丛书，让乡土文化回归并为困惑的当代人提供精神家园，让农耕文化的优秀菁华成为建构农村文明的底色，无疑具有重要的现实意义和深远的历史意义。

实施中国名村志文化工程，是方志人贯彻落实党中央乡村振兴战略的鲜活实践。中共十八大以来，以习近平同志为核心的党中央高度重视农业、农村、农民工作，提出了许多新理念、新思想、新战略，特别是中共十九大报告作出实施乡村振兴战略的重大部署。2018 年 9 月 26 日，中共中央、国务院印发《乡村振兴战略规划（2018—2022 年）》，明确提出“鼓励乡村史志修编”。深入推进中国名村志文化工程，有利于全面翔实记录乡村振兴进程，客观记载地理环境、历史沿革、姓氏源流、人口、民族、方言、民居、宗祠、风俗习惯、家谱族谱、家规族规、宗教信仰、文物遗址、掌故传说、历史事件、人物等，完整保留乡土文化的原貌。所有这些工作，可以为延伸地方志工作触角，充分发挥志书存史、育人、资政功能提供借鉴；可以为社会各界和华人华侨、港澳台同胞寻根问祖、反哺桑梓、泽被乡里提供帮助。依托中国名村志文化工程的重要平台与载体，乡村振兴战略下的现代乡村将进一步挖掘自身独特内涵，彰显其新时代的作用及意义。

中国名村志文化工程从新时代中国特色社会主义的新需求出发，创新体例，立足实际，内容既严谨又通俗，展示了不同地区自然和社会风貌，在坚持志体基础上运用专题报告、回忆录、人物访谈、新闻资料等多种手法，重点介绍农村地区在转型发展方面的探索、示范、引领意义，对于不断提高地方志事业围绕中心服务大局的能力，为乡村改革发展贡献历史智慧，讲好中国故事，彰显中国软实力，增强“四个自信”等方面具有积极意义。

两年来，在借鉴中国名镇志丛书及各地乡镇（村）志宝贵编纂经验的基础上，中国名村志丛书编修不断取得丰硕成果，产生了良好的社会效益，新一批中国名村志的申报数量、覆盖范围延续强劲增长态势，充分体现出强大的内生动力。下一步，要总结经验、把握规律，为服务国家城镇化建设和乡村振兴战略打造更多优秀文明成果，推动中华优秀传统文化创造性转化和创新性发展，从中提炼出适合新时代、新形势、新变化、新要求的文化精髓，展现中国方志的当代价值和世界意义。

是为序。

中国社会科学院院长
中国地方志指导小组组长　谢伏瞻

◉序二

连绵不断地编修地方志是中国独有的优秀文化传统，承担着赓续文明、传承文化的重任。保存至今的 8000 余种、10 万余卷历代方志，蕴含着传统文化基因和海量文化信息，既是中华优秀传统文化的重要组成部分，又是传承、彰显中华优秀传统文化的重要载体。

在各种类型的地方志编纂中，村志编纂古已有之，但从未进入国家层面的地方志编纂序列。新中国成立以来，党中央、国务院高度重视包括村志编纂在内的地方志工作，出台了重要文件。中央领导发表了重要讲话、作出了重要批示。习近平总书记高度重视包括村志编纂在内的地方志工作。2004 年 10 月，他在担任浙江省委书记时到江山市凤林镇白沙村考察，看到村民编纂的《白沙村志》，鼓励村民把村志继续编纂下去。2014 年 4 月，刘延东副总理在与第五次全国地方志工作会议部分会议代表座谈时指出："要结合发展的新形势，加强对地方志包括部门志、行业志、专题志、乡镇村志编纂的业务指导和服务。"2015 年 8 月，国务院办公厅印发的《全国地方志事业发展规划纲要（2015—2020 年）》，正式将中国名村志文化工程列为主要任务之一。2017 年 5 月，中共中央办公厅、国务院办公厅印发的《国家"十三五"时期文化发展改革规划纲要》指出："完成省、市、县三级地方志书出版工作。开展旧志整理和部分有条件的镇志、村志编纂。"可以说，村志编纂迎来了历史上的最好时期。

农业、农村、农民"三农"问题，是数千年来影响中国社会发展最核心的问题。中共中央高度重视"三农"工作，从 2004 年起，连续 13 年，每年的中央 1 号文件都聚焦"三农"。中共十九大报告更是提出"农业农村农民问题是关系国计民生的根本性问题，必须始终把解决好'三农'问题作为全党工作重中之重"，特别是提出了"乡村振兴战略"，这是中国共产党在中国特色社会主义进入新时代后，对农村发展问题所做出的准确把握和与时俱进的战略应对，是建设中国特色社会主义强国战略的重要组成部分。改革开放近40年来，在党中央、国务院高度重视社会主义新农村建设的新形势下，各地涌现出一大批历史文化名村、经济强村、新农村建设示范（试点）村、美丽乡村和特色村，成为先进生产力和先进文化的代表。客观记录中国农村全面建成小康社会的进程，向后人展示在中国共产党领导下农村千年未有的巨变，是地方志工作者肩负的光荣而重大的历史使命。编纂中国名村志丛书，是记载当代中国农村发展变革的重要途径。

文化寻根，寻的是其发展的源头和根基。村落是中国传统文化的根基所在。农村的生产生活方式、社会规范、宗族文化、宗教文化、民风习俗、传统节日、民间艺术等，无不镌刻着中国人独特的民族性格，这就是家国情怀、文脉绵延、精神归属。在快速城镇化进程的冲击和开发性破坏下，大量传统村落面临消亡的危机，村落蕴含的历史文化信息也流失殆尽，抢救性保护刻不容缓。编纂中国名村志丛书，是保存村落历史文化信息，抢救、保护村落文化最好的方式。

一方水土养一方人。家乡的山水草木、村间小巷、乡俗民情会在每个人心头留下深刻的烙印，这就是故土情结。而村落的形成与发展离不开人的活动。编纂中国名村志丛书，通过记述村落建筑、名门望族来追溯村落的历史；通过记述村落规模、布局、人口、物产等反映人口来源、宗族兴衰、生活习惯、文化背景、宗教信仰、经济发展等，体现环境与人相互影响、相互作用、相互发展的既矛盾又统一的关系；通过记述戏剧、音乐、舞蹈、美术、文学、手工技艺等文化形式，展示百姓在长期的生产生活实践中摸索和总结出的智慧结晶，强化人们沟通感情的纽带。编纂中国名村志丛书，是传承乡俗、诉说乡音、记住乡愁、纾解乡思，激活历史传统、唤起共同文化记忆、塑造共同心灵认同的重要文化工程。

中国名村志文化工程以践行文化自信、传承中华文脉、彰显时代发展为己任，以打造全国地方志系统的重要品牌为目标，在体裁运用、篇目设置、资料选择等方面进行大量的创新，突出“名”和“特”，拣选各个名村中最值得记述、最具有代表性的人、事、物，予以浓墨重彩的描画，从而形成系列的、高质量的、可读性强、雅俗共赏的地方志读本，让地方志紧接地气、贴近百姓，让地方志成果进入寻常百姓家，让人民群众共享地方志成果，让越来越多的人从地方志中感知传统、历史和记忆，成为传统村落和传统文化的守护者，成为中华优秀文化的传承者。

是为序。

中国社会科学院原院长
中国地方志指导小组原组长　王伟光

◉序三

习近平总书记指出："让居民望得见山，看得见水，记得住乡愁。"这句富有诗意的重要论述不仅唤醒了中国人城镇化建设过程中对于人和自然关系、人和历史关系的思考，同时也引发了学界对"乡愁"进一步进行文化意义解读的兴趣。从本质上看，乡愁是一种源自主体体验的情感，隐含了一种人们带着乡愁追寻自我生存与生命意义、追寻诗意栖居的精神家园的美学思辨。同时，这种追寻自我生存的主体逐渐转向大众群体，乡愁也由传统单一的"文化乡愁""爱国情怀"演变为对于"理想家园"的精神追求。

中国有近 60 万个村庄，约有 5000 个古村落，被住房城乡建设部和国家文物局界定的传统村落就有 1561 个。随着中国城镇化步伐的加快，乡村的版图日渐凋敝，大批农村青壮年劳动力走进城镇，融入了新的生活。然而，每逢传统佳节，那种挥之不去的离愁别绪挟裹着亿万农民工，又融入了返乡的滚滚洪流。这是乡愁的情愫牵动着他们，是故乡的山、故乡的水、故乡的老屋、故乡的小吃在牵动着他们，是故乡家家户户的楹联和口口相传的故事，以及只有在隆重的传统佳节才有的古老的民风习俗在牵动着他们。

文化可以体现一个民族、一个国家、一个社会的重量与体温，这是文化的力量之所在，而村落是传统中国的根脉所系，乡土社会是最能够体现中国传统文化特征的地方。梁漱溟曾指出："中国文化是以乡村为本，以乡村为重，所以中国文化的根就是乡村。"我曾在《建设社会主义新农村的理论与实践》一书中指出，在新农村建设的过程中，必须"保护和发展有地方和民族特色的优秀传统文化，创新农村文化生活的载体和手段，满足农民群众多层次、多方面的精神文化需求"，而编纂村志尤其是实施中国名村志文化工程就是一个重要举措。实施中国名村志文化工程，编纂中国名村志丛书，以最基层的村落为研究对象，寻根传统村落的历史，梳理村落的发展脉络，以唤起人们的归属感和认同感，探索新型城镇化和社会主义新农村建设过程中，如何留住乡音、乡风、乡思，继承传统文化精华，挖掘丰富历史智慧，是贯彻落实中央城镇化工作会议精神和中共十九大提出的“乡村振兴战略”的重要举措，是当前和今后一个时期全国地方志工作者的重要工作。

虽然村落文化正在日益远离当下生活，但我们可以抓住诸如基本村情、文物胜迹、古村保护、特色文化、旅游名胜、村域经济、风土民情、村民生活、新农村建设、艺文杂记、名人与名村等关键内容，通过志书的手法来诠释乡村文化的精华。我们如实记录着村落里的人和事，以及青山绿水、小河大树、袅袅炊烟，力争以最完整、最原真的方式呈现村落的前世今生。我们要为“迷失”的人留住乡村文化的根脉，让人们难以割舍的乡愁得以慰藉和释放。

中国名村志文化工程将触角伸向那些极具代表性的村落，它们有的历史悠久、名人辈出，有的经济腾飞、重获新生，有的风景秀丽、景观独特，有的地处边陲、神秘莫测……我们挖掘中国不同类型村落的发展之路，为探索新型城镇化和社会主义新农村建设的发展经验、发展模式、前进道路提供历史智慧和现实借鉴。因此，打造以重在表现乡村嬗变为主旨的中国名村志丛书十分必要和迫切，这是一项功在当代、利在千秋的文化工程。

近年来，随着中国经济社会的发展和国际地位的提高，越来越多的人想要认识中国、了解中国、研究中国。在这样的形势下，乡村是不可或缺的一环，我们要集中讲好发生在乡村的故事，向世界呈现一个多元的、立体的中国。乡村历经岁月变迁的风雨，见证着改革开放的步伐，寄托着数代中国人的情感。发生在乡村的故事无疑是血肉丰满的、震撼人心的、引起共鸣的。我们应该有这个自信能够讲好乡村故事，讲好中国故事，描绘出中国的底色，“让每一个中国人都能在地方志中找到自己的位置”。

可喜的是，越来越多的有识之士认识到了这一点，加入到保护、传承、发展村落文化的队伍中来。仅就编纂中国名村志丛书来看，第一批的申报范围就涵盖包括香港特别行政区在内的32个地区，申报数量高达70余部。“直笔著信史，彰善引风气，为当代提供资政辅治之参考，为后世留下堪存堪鉴之记述”，这是我们的初心和使命。希望中国名村志文化工程的实施，能够带动更多的人关注中国乡村文化，为社会主义文化强国建设作出更大的贡献。也希望越来越多的名村都来融入继承中华文化传统、颂扬中华传统文化的活动中，让正能量更多地润泽温暖人们的心灵，让更多的人“记得住乡愁”！

是为序。

中国社会科学院原副院长
中国地方志指导小组原常务副组长

◉ 广东省中国名村志文化工程工作协作组

组　长 陈华康

副组长 刘　卫　刘　波

成　员（以姓氏笔画排序）

丁伟志　王　涛　王道钰　邓翠萍　田　亮
刘路红　吕汉光　孙少娜　朱正国　朱雄文
张世开　李文蔚　杨立勋　邱家秋　陈子新
陈宏亮　陈　岚　陈宝德　罗会明　郑安兴
姚佑雄　洪志勇　钟伟基　钟涓泓　莫秀吉
萧艳娥　黄小晶　黄荣超　彭建伟

联络员 杨　波　黄　璐

◉ 广东省深圳市大鹏新区鹏城社区志编纂委员会

顾　问 杨立勋　黄　玲　王地久

主　任 王继良

副主任 程得红

委　员 吴鸿英　白　凌　杨　涛　段晓伟　陈马林
陆　飒　王昭礼　高　宏　李国伟　刘天奎
谢　健　吴国森　翁松龄　黄文德　刘道光
朱子力　李满赢　黄润齐　欧耀坤　刘志辉
涂卫加　杨建武　毕加跃　何新生

审　核 周　华　张　劲

◉ 广东省深圳市大鹏新区鹏城社区志编辑部

主　　编　彭　森

编　　辑　吴启鹏　董　理　江小妹　徐　瑗　曲　文
　　　　　谢格耀　覃章保

特约编辑　姚少华　王建设

编　　务　董　理

摄　　影　邓　飞　刘有志　刘伯良　李　生　李　敏
　　　　　李乃林　肖春生　吴启鹏　邱焯圻　陈　敏
　　　　　郑黎岗　贾玉川　黄明辉　黄锦波　梁必成
　　　　　董　理　谢雨婷　赖继良　雷志云

◉ 中国名村志丛书凡例

一、以马克思列宁主义、毛泽东思想、邓小平理论、“三个代表”重要思想、科学发展观、习近平新时代中国特色社会主义思想为指导，坚持辩证唯物主义和历史唯物主义的立场、观点和方法，存真求实，全面、客观、系统记述中国名村村落发展变化进程和改革开放成果，传承和抢救乡土历史文化，激发爱国爱乡情怀，留住乡愁，为探索中国特色新型城镇化建设、服务乡村振兴战略提供历史智慧和现实借鉴。

二、为全面反映入志事物发展脉络，各志上限尽量追溯至事物发端，下限一般断至各村志启动编修年份，个别重大事项可延至搁笔。详今明古，着重反映时代特色和地方特点，重点体现各村的“名”与“特”。

三、记述地域范围以下限年份的行政辖区为主。为体现名村在更大区域内的意义，可以从更开阔的区域视野记述与该村相关的内容。

四、统一采用纲目体，设类目、分目、条目三个层次。横排门类，纵述史实，述而不论。

五、综合运用述、记、志、传、图、表、录等各种体裁，以志体为主。体裁运用适当创新，篇目设置不求面面俱到，一般意义上的村级内容略去不载。

六、除引用文字和附录文献资料外，统一使用规范的现代语体文记述，行文力求朴实、严谨、简洁、流畅、优美，具有较强可读性。

七、人物部类遵循“生不立传”原则，人物传主按生年排序，只选录对本村发展有重大影响的人物，不面面俱到。

八、各项数据一般采用国家统计部门数据。数据缺乏的，采用主管部门或主办单位正式提供的数据。

九、数字用法、标点符号、计量单位分别执行国家标准《出版物上数字用法》

（GB/T 15835—2011）、《标点符号用法》（GB/T 15834—2011）、《国际单位制及其应用》（GB 3100—1993）和《有关量、单位、符号的一般原则》（GB 3101—1993）。历史上使用的计量单位，如斗、石、里、尺、磅、华氏度等，在引文时可照录。考虑到社会使用习惯，全书中亩不统一换算。

十、中华民国成立前的纪年，使用朝代年号纪年，括注公元年份；中华民国成立后的纪年，均使用公元纪年。志中所称“解放前（后）”，以该村解放日为界；“新中国成立前（后）”，以中华人民共和国成立日 1949 年 10 月 1 日为界；“改革开放前（后）”，以 1978 年 12 月中共十一届三中全会召开为界。本志“×× 年代”，凡未加世纪者，均指 20 世纪。

十一、为节省篇幅，避免重复，本志采用条目互见法。参见条目的表示形式为：参见本志“×× 类目 · ×× 分目 · ×× 条目”。

十二、对旧志、古籍中的繁体字、冷僻字一般用简化字或通用字替换，易引起误解的则保留。

十三、记述各个历史时期的党派、机构、职务、地名等，均以当时的名称为准。对频繁使用的名称，首次用全称并括注简称，其后用简称。

十四、各村志需要单独说明的事项，均在各自编纂始末中记述。

鹏城社区在中国的位置

审图号：GS（2019）4178号

鹏城社区在广东省的位置

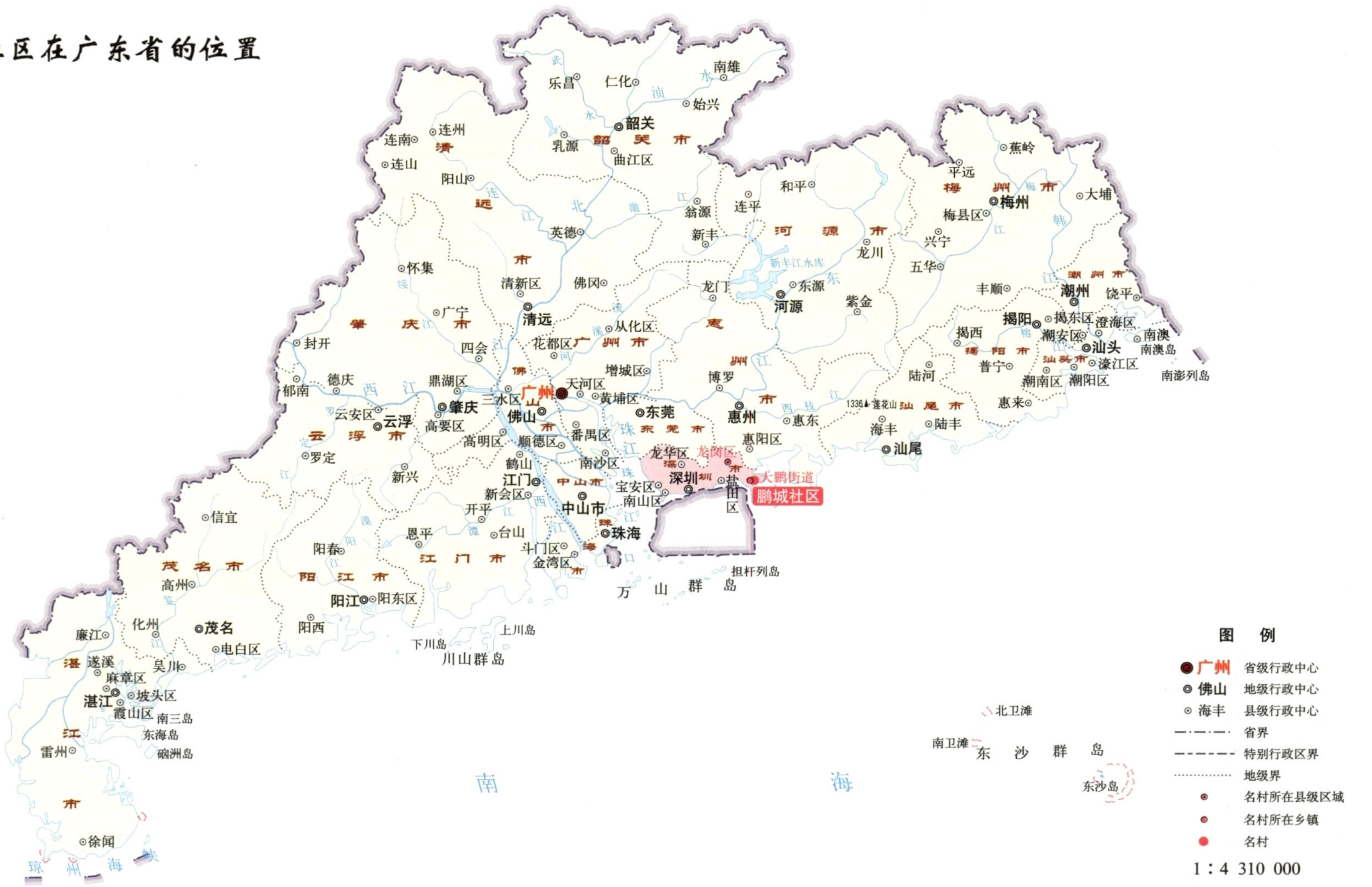

广州
佛山
深圳
东莞
惠州
汕头
汕尾
潮州
揭阳
梅州
河源
韶关
清远
肇庆
云浮
江门
中山市
珠海
阳江
茂名
湛江
龙岗区
大鹏街道
鹏城社区
南海
东沙群岛
万山群岛
川山群岛
图例
广州 省级行政中心
佛山 地级行政中心
海丰 县级行政中心
省界
特别行政区界
地级界
名村所在县级区域
名村所在乡镇
名村
1：4 310 000

审图号：GS（2019）4178号

鹏城社区平面示意图

葵涌办事处
禾木岭
平石牯
焦头窝
大坑河
大鹏社区
山仔坑
茅朗
打马坜水库
水磨坑水库
王母社区
四合路
四合村
鹏城第二工业区
东北村
西北村
西南村
大鹏东门路
东山寺古庙
鹏飞路
乌涌村
大鹏所城
东南村
鹏城
大鹏第二小学
滨海花园
银滩路
较场尾村
较场尾路
科普特生态农业园
布新社区
水头社区
鹏城社区在大鹏办事处位置
王母
鹏城
大鹏
王母
岭澳
下沙
布新
水头
图例
社区工作站
学校
寺庙
主要街道
其他街道
街道办界
社区范围
主区色带
绿地
河流、水库
比例尺 1:27 000
制图单位：深圳市易图资讯股份有限公司　制图时间：2019年7月
注：1.本图所绘行政界线不作为划界依据；2.本图所注信息已经细密核查，力求准确，如有疏漏欢迎指正，电话：0755-83680819

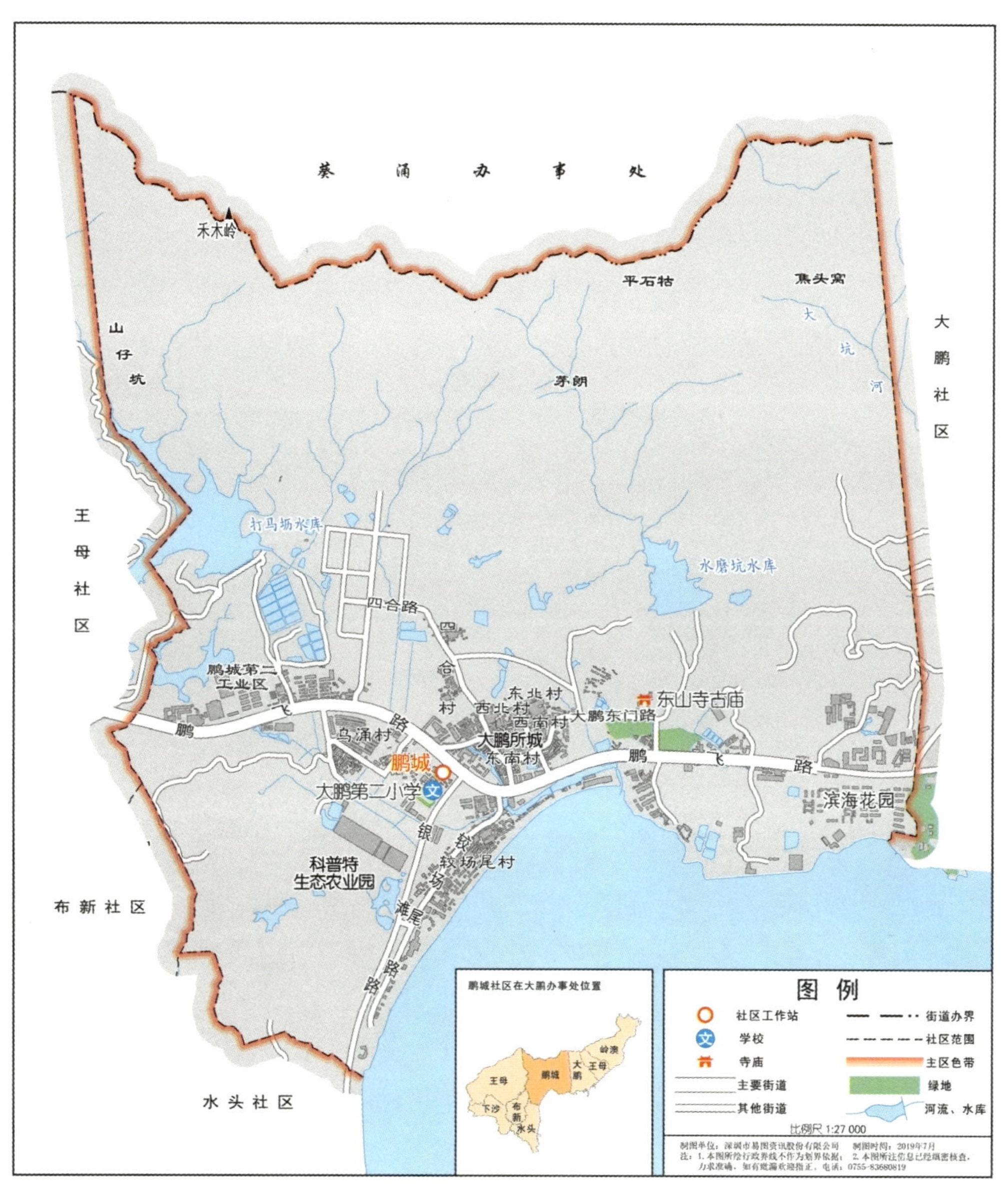

鹏城社区全景图

较场尾（2016 年）

县丞署遗址（2016 年）

东校场旧址

东山寺（2016 年）

鹏城人唱山歌

◉ 目录

海防要塞　文化名村

鹏城社区位于广东省深圳市东部，建于明初，曾为中国岭南沿海海防要塞。它有独特的山海风光，沿途众多的亚热带植物成就其优越的地理环境。以大鹏守御千户所为核心构建的古建筑群，展现出浓郁的岭南传统文化特色，由此成为全国独具特色的历史文化名村。这里有传承600多年的“太平清醮”，有被誉为语言“活化石”的大鹏话。这里曾涌现出赖恩爵、刘锦进等一批名垂青史的人物。大鹏新区成立后，鹏城社区的开发进程加快，特别是从2016年深圳市实施“东进战略”以来，将鹏城社区列入东部滨海地区历史文化旅游的核心景区，力图将其打造成为深圳市乃至珠三角地区地标式历史文化景区。

山海鹏城话春秋

鹏城社区（村）肇始于明洪武二十七年（1394）在大鹏设立的守御千户所，当时，因守军将士多携带家属在此聚居而逐渐形成村落。它东望巽寮湾，南临大亚湾，西有蜈蚣岭，北靠排牙山。

大鹏半岛历史悠久。名列“2006 年中国十大考古新发现”的咸头岭新石器时代遗址的发现，证明早在六千年以前，就有人类在这片土地上生活，制作陶器和石器，开创自己的文化。此后的历朝历代，大鹏半岛虽有专门的行政管理，但因地处南国边陲海疆，远离政治中心，常常遭受倭寇、海盗、列强的袭扰。明洪武年间，为防沿海盗匪倭寇，朝廷在大鹏半岛设立大鹏守御千户所，之后成为中国岭南沿海重要的海防要塞。清雍正元年（1723），设立新安县丞，驻大鹏所城，协助新安县令分管新安县东部近百村庄，兼管大鹏营军粮，逐渐成为附近一带的政治、经济、文化中心。清嘉庆、清道光年间，鸦片走私盛行，鹏城村在海防一线的战略地位日趋显要，驻防力量得到极大加强。至清咸丰、清光绪年间，随着香港岛、九龙以及新界地区相继被占，鹏城村军事地位渐失，逐步演变为军士后裔的集居地。村以城兴，当年的军户围绕所城练兵戍边、开荒屯田，鹏城村逐渐兴旺。

故縣治東北一百四里特建專城爲大鵬一營蓋大鵬海面爲廣惠連接之所內設參戎多備守衛與歸邑之平海營陸路之左翼鎮兵互爲接應

廣州府志　卷二　輿圖

清《广州府志》中关于大鹏所城的记载

明洪武二十七年，鹏城属东莞县；明万历元年（1573）新安县建县后，转属新安县；民国时期属宝安县。新中国成立后，曾属惠阳县、宝安县、龙岗区、大鹏新区管辖。截至 2018 年年底，下设 7 个居民小组，总面积 20.5 平方千米，户籍人口 1928 人，外来暂住人口 11932 人。居民有王、赖、林、李等 70 余个姓氏，多为在此戍守官兵的后裔以及屯田招租而迁居过来的移民。

长期以来，鹏城人半渔半农为生，收入来源主要是农业和渔业。种植的农作物有水稻、花生、番薯，另种植有荔枝、甘蔗等经济作物。渔业则以龙岐湾海域所产的池鱼、黄脚立鱼以及各类虾蟹等海产品为主。由于传统农业生产基本全靠“看天吃饭”，生产力低下，人们生活困苦，如遇天灾、战乱，人们只有远走他乡。当时，鹏城村临近香港，不少人前往香港打工帮补生计，也有些人转至东南亚、欧洲、美国等地打工。

科普特生态农业园（2019 年）

新中国成立后，鹏城人开展大规模的农田改造和水利建设，推广农业新品种、新技术，促使农业生产有了较大幅度提高，人民生活条件逐步改善。

改革开放后，实行家庭联产承包责任制，鹏城农业生产发展迅速。20 世纪 90 年代，随着工商业发展和城市化的推进，人们开始洗脚上田，多以商贸交易、进入工厂做工为主。截至 2018 年年底，鹏城社区有集体厂房 39 栋 6.94 万平方米，宿舍 23 栋 3.2 万平方米；总资产 2.82 亿元，集体物业面积 13 万平方米，集体物业价值 1.65 亿元；经营总收入 2935 万元，鹏城社区人均收入 7.5 万元。

古城诗韵著华章

鹏城自明代建城，经历了封建王朝的兴衰更替和腥风血雨的战争洗礼，大鹏所城也从屯兵御寇到逐步裁撤，直至演变成为寻常民居区，残留至今的历史遗迹反映了明清两代的时代特征和历经沧桑的世事变迁。大鹏所城古朴庄重，岿然雄踞于广东省的东南部。现存的东门、南门、西门以及明清时期遗留下来的 10 余座府第和参将署、守备署、县丞署、火药局、左堂署、赵公祠、侯王庙、天后宫等，仿佛在述说着那逝去的岁月和历久弥新的往事；保存完好的近 700 座古民居，鳞次栉比，虽历经数百年风雨却旧貌如故；狭窄蜿蜒的小巷以青石板铺就，宁静而古朴；座座雄伟、独具特色的古建筑布局有序，城内主要街道东门街、南门街和正街风格依然，至今仍延续着昔日的热闹场景；散列于各自然村的近 20 座古祠堂，雕梁画柱，无不显示着人们的恭敬与虔诚。大鹏所城整体建筑风格及外观造型、营造手法、装饰等均具有浓厚的岭南地域特色，这里的民居兼具广府、客家、潮汕三大民系的特点，是岭南地区民居建筑艺术的精华。

1989 年大鹏所城被列为省级文物保护单位，2001 年被国务院公布为全国重点文物保护单位，2003 年鹏城村被建设部、国家文物局授予“中国历史文化名村”称号。其间，大鹏新区成立以文物保护、历史研究和旅游开发为宗旨的大鹏古城博物馆对大鹏所城进行科学保护和管理，并分别于 2008 年、2015 年两次对所城内 23 处不可移动文物进行修缮。同时，对路面、街区、所城内景观和北门外环境进行整治，辟建东门、南门、博物馆、北门遗址绿地景观和北门广场、协台衙门遗址广场等 16 处绿地，扩大古城绿化覆盖率。

在旅游开发方面，鹏城社区以大鹏所城海防文化、东山寺宗教文化、较场尾民宿及饮食文化为中心，以中秋水灯祈福夜、大鹏新年庙会、大鹏文化季等旅游活动

北城墙遗址（2011 年）

畅游较场尾（2019 年）

为载体，并依托丰富的生态资源和优美的山海风光，力图打造成为深圳全域旅游的新样本，使之成为大鹏新区旅游业发展的一张名片。2016 年 10 月，大鹏新区管委会与华侨城集团公司签订文化旅游合作协议。通过新型城镇化、“文化 + 旅游”“旅游 + 互联网 + 金融”等模式，推进大鹏新区历史文化景区、旅游文创产业、公共文化设施等建设，推动大鹏半岛打造世界级滨海生态旅游度假区，打造粤港澳大湾区的旅游地标，构建深圳滨海文化旅游长廊。

鹏城遗风育英才

一方水土养育一方人。600 余年来，大鹏涌现出多位将军、提督及一批忠臣良将，其中清代赖氏“三代五将”、刘氏“父子将军”即为广东御寇抗敌的杰出代表，而尤以赖氏家族子孙三代出现的五位将军，被世人称之为“文颜武赖”，“文颜”指的是广东省连平县颜氏家族，“武赖”即指大鹏的赖氏家族。赖氏将军在抗御外来侵略、保护中国东南海疆的战争中屡建战功，而且为官清廉，体恤部下，有“宋代杨家将，清代赖家帮”的美誉。也正因为此，鹏城又有“将军村”的美誉。

据《大鹏城赖氏世系简谱》记载，赖氏后人赖吾彪于清乾隆年间由紫金县迁居鹏城。赖吾彪初到鹏城以编竹篾为生，生活清贫。赖吾彪之孙赖世超自幼聪敏好学，文武双全，稍长入伍，累立战功，官至琼州镇镇台，清道光十年（1830），任闽粤两省武举考官，封武功将军，正二品。

赖氏家族非常重视家风。赖世超的夫人赖太母身负训导子孙重任，以“爱国家，为民族”“文官不贪钱，武将不怕死”“岗不离守，守不离纲”等为家训，使赖氏家族形成精忠报国、廉洁守法的良好家风，开启了赖家“三代五将”的荣耀篇章。清道光十九年9月4日，英军轰击九龙炮台。大鹏营参将赖恩爵立即指挥反击，在近5个小时的战斗中，身先士卒，奋不顾身，终将英舰击退。是役震惊中外，赖恩爵被清道光皇帝赐予“呼尔察图巴图鲁”（勇士）称号。

抗日战争时期，曾被朱德总司令称为“中国抗战的中流砥柱”之一的广东人民抗日游击队东江纵队长期活动在大鹏岛一带。在东江纵队任手枪队队长的刘锦进（刘黑仔）即鹏城人，他曾率队在香港西贡、九龙一带进行抗日活动，成为名扬港九的传奇人物。

新中国成立后，鹏城还出现以赖仲元为代表的优秀人物，还有更多的鹏城人，他们在各自平凡的岗位上，恪尽职守，兢兢业业，为当地的经济、文化事业的发展和社会进步作出了贡献。“文官愿为清吏瘦，武官敢当沙场卒”不仅是赖家的家训，也成为鹏城人谨记遵守的座右铭。

赖氏家训

古村民俗发新枝

鹏城文化底蕴深厚，来自广府、客家、潮汕等地区的人汇聚在此，造就了独特而鲜活的民俗风情。明朝设大鹏守御千户所时，所城的主要群体是守军，故屯军文化成为大鹏文化习俗的基调。随着时间的推移，屯军文化糅合广府文化、渔农文化、客家文化形成大鹏独特的民俗文化，如糅合粤语、客家话和北方话的大鹏话，追念逝去英烈的太平清醮，体现崇军尚武的大鹏凉帽、将军宴，汇集各地不同习俗的大鹏婚俗，承传并创新传统技艺的大鹏舞狮、舞麒麟等。其中大鹏山歌是大鹏民俗的一大特色，其基本特征是语言独特、曲调多样、内容丰富、形式灵活、通俗易懂、委婉动听。从内容上分有生活歌、爱情歌、劳动歌、放牛歌、哭嫁歌、哭丧歌、地名歌和仙歌等，从演唱方法上分有独唱、男女对唱、群唱和尾驳尾等。

每五年一次的大鹏追念英烈习俗（太平清醮）活动，更是鹏城社区文化传承的重头戏。其源自大鹏所城军民为追念在抗击外来侵略者阵亡将士和海上罹难者而举行的祭祀活动，已举办近百次。鹏城人以这个盛大民俗活动弘扬中华民族和谐、乐善、忠孝等中华民族优秀传统，具有独特的文化内涵。2006 年 12 月，大鹏追念英烈习俗入选深圳市政府公布的第一批非物质文化遗产保护名录，2007 年入选省级非物质文化遗产名录。截至 2018 年年底，大鹏新区非物质文化遗产名录中共有 7 项出自鹏城社区。这些民俗活动的继承开发，显示出鹏城人对承传中华民族优良美德的钟爱，尤其是祭奠爱国将士亡魂的太平清醮习俗，在激发民众的爱国主义情怀和建设社会主义精神文明、创建和谐社会中发挥着积极的作用。

太平清醮活动（2018年）

社区概览

鹏城社区是广东省深圳市大鹏新区大鹏办事处下辖的社区，因建于明初的大鹏所城而得名。社区依山傍水，风光优美，辖东南、东北、西南、西北、四合、乌涌、较场尾7个自然村，总面积20.5平方千米。西有深圳市东部沿海高速和坪西一级公路，距深圳市政府所在地46.5千米。2018年户籍人口1928人，外来人口11932人。境内水、电、路等基础设施配套齐全。鹏城人历来以耕读习武传家，以勤工兴商为荣。新中国成立后，尤其是改革开放后，大部分鹏城人走出农耕，拓宽收入渠道，村集体积极引进“三来一补”（来料加工、来样加工、来件加工、补偿贸易）企业和外资企业，促进全村经济、文教、体育卫生等事业全面发展。

◉ 建置沿革

村落起源　鹏城社区，原名鹏城村，因建于明初的大鹏所城而得名。明洪武二十七年（1394），朝廷在大鹏设立守御千户所，因守军将士多携带家属在此聚居而逐渐形成村落。

沿革

明洪武二十七年，鹏城属东莞县。明万历元年（1573）新安县建县后，属新安县。清代，属新安县第七都，后属县丞管辖。民国时期，先后属宝安县第七、三区管辖。新中国成立初期属惠阳县第四区。1951 年 11 月，属惠阳县第七区。1957 年 12 月，属大鹏乡。1958 年，属宝安县大鹏公社。1979 年 1 月，宝安县改设为深圳市，该村属深圳市葵涌区大鹏公社。1981 年 10 月，深圳市复置宝安县，该村属宝安县大鹏公社。1983 年 7 月，属宝安县大鹏区。1986 年 10 月，属宝安县大鹏镇。1993 年，宝安县撤县设宝安、龙岗 2 区，该村属深圳市龙岗区大鹏镇。2004 年 9 月，深圳市推行农村城市化，鹏城村撤村设居，设鹏城社区，仍属深圳市龙岗区大鹏镇。2011 年 12 月 30 日，深圳市大鹏新区成立，该社区属深圳市大鹏新区大鹏办事处，下设 7 个居民小组。

东南村　位于大鹏所城东南，按所处古城地理位置而命名，村道南门路和南门中路直达辖区。2018 年底户籍人口 113 户 327 人，其中男性 152 人、女性 175 人；18 岁以下 53 人，19 ~ 60 岁 219 人，61 岁以上 55 人。村集体收入 52 万元。

东北村　位于大鹏所城东北角，按按所处古城地理位置而命名，村道南门东路直达辖区，东面有东山寺和东村片区。2018 年年底户籍人口 62 户 205 人，其中男性 98 人、女性 107 人，18 岁以下 42 人，19 ~ 60 岁 135 人，61 岁以上 28 人。村集体收入 68 万元。

西南村　位于大鹏所城西南角，按所处古城地理位置而命名，村道南门西路直达辖区，包括赖府园和十字巷等周边区域。2018 年年底户籍人口 77 户 249 人，其中男性 115 人、女性 134 人，18 岁以下 44 人，19 ~ 60 岁 166 人，61 岁以上 39 人。村集体收入 56 万元。

西北村　位于大鹏所城西北角，按所处古城地理位置而命名，村道西坑路直达辖区，包括西北和松山下小区两片区域。2018 年底户籍人口 113 户 334 人，其中男性 149 人、

四合村（2017 年）

女性 185 人，18 岁以下 56 人，19 ~ 60 岁 236 人，61 岁以上 42 人。村集体收入 69 万元。

四合村 大鹏所城周边原有松山、田心、马坟、打马坜四个自然村。新中国成立后，合并为四合村。1959 年因修建打马坜水库，打马坜、马坟自然村相继搬迁。该村位于大鹏所城北约 300 米，县道西坑路直达辖区。2018 年年底，户籍人口 54 户 202 人，其中男性 88 人、女性 114 人，18 岁以下 38 人，19 ~ 60 岁 143 人，61 岁以上 21 人。村集体收入 68 万元。

乌涌村 位于大鹏所城西约 900 米，靠锣鼓山，因村中曾有一条河道，流经鹏城河入海，涨潮时海水倒灌，久而久之河道上沉积一层黑色泥沙，人称之为乌涌，便以乌涌

乌涌村（2017 年）

为村名。新中国成立后，乌涌村又与大围、围仔两村合并，仍然名为乌涌。省道鹏飞路可达辖区。2018 年底户籍人口 69 户 218 人，其中男性 106 人、女性 112 人，18 岁以下 35 人，19 ~ 60 岁 161 人，61 岁以上 22 人。村集体收入 45 万元。

较场尾村 位于大鹏所城南约 400 米，因该村位于大鹏所城官兵练武的西较场尾部而得名。省道鹏飞路可达辖区。2018 年年底，户籍人口 115 户 393 人，其中男性 183 人、女性 210 人，18 岁以下 70 人，19 ~ 60 岁 282 人，61 岁以上 41 人。村集体收入 73 万元。

◉ 区位　交通

自然地理区位 鹏城社区位处大鹏半岛东侧，呈依山傍海之势。东靠大亚湾，与大亚湾核电站和岭澳核电站接壤；南与水头、布新社区毗邻；西与王母社区相接；西北与排牙山接壤。地理坐标为北纬 22° 59′ 24″，东经 114° 50′ 89″。

交通地理区位 鹏城社区西距深圳市政府所在地约 46.5 千米，距广（州）九（香港九龙）铁路 49.3 千米，至深圳火车站 40.5 千米；西南距香港 49.2 千米；西北距广州市 141.5 千米。鹏飞路从社区穿过，银滩路为次主干道。

经济地理区位 鹏城社区坐落于大鹏半岛东部沿海地带，气候温和，雨量充沛，土质肥沃，适宜种植水稻及以甘蔗、柑橘、荔枝为主的亚热带水果。地处粤港澳大湾区东部，是粤港澳大湾区的重要战略节点，从 2016 年起，积极与香港、惠州共同推动旅游业一体化发展，打造“粤港澳生态旅游示范区”。

◉ 自然环境

地质地貌

地质 鹏城社区地处沿海多山地带，地势起伏较缓，地质构造复杂，以断裂构造为主要特征，包含鹰管岭断裂组以及蜈蚣岭断裂。海岸类型以基岩海岸为主，形成时间大约距今 1.35 亿年前晚侏罗世时期。地层发育较为齐全，出露的地层包括下古生界、泥盆系、石炭系、侏罗系、白垩系以及广泛分布的第四系沉积物。鹏城社区及周边出露地层由老到新主要为泥盆系中统鼎湖山群、第四系全新统海湖相沉积层以及海相沉积层。泥盆系中统鼎湖山群分布于鹏城社区东北部，为灰色、灰

绿色（风化后呈紫红色）薄层状——厚层状长石石英砂岩、石英砂岩及粉砂质泥岩（板岩）夹含炭质页岩，局部见含钙质砂岩。第四系全新统海湖相沉积层大面积分布于鹏城社区中部的滨海湾口平原区域，为滨海泄湖堆积物，由砂砾、淤泥质砂、砂质黏土、黏土、淤泥、淤泥质黏土等组成，含有孔虫化石。第四系全新统海相沉积层主要分布区域为较场尾沙滩，主要有细砂、中粗砂组成。侵入岩主要为中生代白垩纪早世燕山三期中粒斑状黑云母花岗岩，白垩纪晚世燕山五期细粒状花岗岩。其中中生代白垩纪早世燕山三期中粒斑状黑云母花岗岩在辖区内的东北部、西部、北部大面积出露，白垩纪晚世燕山五期细粒状花岗岩在辖区西部及西南部零星出露。

地貌 鹏城社区整体地势北高南低，北部区域为排牙山脉，中部为滨海湾口平原地貌，南侧为龙岐湾海岸线。

排牙山（2009年）

龙岐湾（2016 年）

气候

鹏城辖区属于南亚热带季风气候，温和湿润，光照充足，热量丰富，降水充沛，由于植被覆盖率高，加上海洋的调节作用，平均气温较低，具有雨热同期特征。风向具有明显的季节变化，全年盛行偏东风，夏季以东南风为主，冬季以东北风为主，台风较多，7—9 月为高峰期，伴随台风有大量降雨。

春季（2—4 月），季长约 76 天。受高压脊、静止锋、低槽天气系统影响，常出现乍暖乍冷天气。其气候特征表现为温度高、湿度大，在伴随回暖天气的同时，鹏城社区海面和内河河面常出现大雾。夏季（4—10 月），季长约 185 天。在副热带高压控制下，常出现炎热天气，但由于海风的调节，一般年份温度在 35℃ ~ 37℃。5 月开始受到热带气旋（台风）的严重影响。7—9 月是后汛期，主要受热带气旋的影响。夏季雨量占全年的 85.2% 以上，容易出现局地性洪涝灾害和短时雷雨大风。秋季（10 月至翌年 1 月），季长约 80 天。随副热带高压撤离，冷高压南下，气温下降。秋季少雨且蒸发量大，因而多形成秋旱。冬季（1—2 月），季长约 24 天。受强冷高压脊控制，常出现湿冷天气，气温达到全年最低。但寒冷天气一般仅维持几天，最长可断续维持 1 个多月。

气温 鹏城辖区全年平均气温22℃。月平均气温以1月最低，为14.1℃；7月最高，为28.2℃。春季多阴雨天气，日照较少，部分年份会出现日平均气温< 15℃、每天日照时数在2小时以下、持续数天的“倒春寒”天气。夏季平均气温26.7℃，由于有海陆风的调节，很少有酷热天气。秋季平均气温18.1℃，可出现日平均气温≤ 23℃、持续3天以上的“寒露风”。冬季平均气温14.4℃，很少出现寒冷天气。

日照 鹏城辖区地处低纬，太阳辐射量平均每平方厘米129.53千卡。一年内各月总辐射量以7月最大，2月最小。年总日照时数平均2134.2小时。一年内各月总日照时数以7月最多，2月最少。年平均日照百分率为50%。月平均日照百分率最高值为10月，最低值为3月。

降水 鹏城辖区年平均降水量1926.7毫米。其中4—9月降雨量占全年的85.2%，6—8月月平均降雨量在300毫米以上，3个月总降雨量占全年的51.7%。11月至翌年1月，是一年中雨量最少的季节。12月多年平均降雨量分别为23.5毫米。

土壤 鹏城辖区土壤分为水稻土、黄壤、红壤、赤红壤、菜园土、潮沙泥土、滨海砂土、沼泽土、石质土9个土类。其中，水稻土、菜园土肥力强，黄壤、红壤、赤红壤、潮沙泥土、沼泽土肥力中等，滨海砂土、石质土肥力弱。

水文 鹏城辖区地处海滨，辖区内有数量众多的池塘、湖泊、溪流等地表水体。主要河流有鹏城河与水磨坑河。鹏城河源于鹏城社区北侧的排牙山，聚集于西侧的打马坜水库后。在打马坜下游有一条长约3千米的小河为西北至东南流向，是鹏城河的主体部

鹏城河（2016年）

水磨坑河（2016年）

分。鹏城河东侧的松山河、细仔坑河是其两条重要的支流。

三条河在较场尾沙滩北侧汇聚并流入龙岐湾入海。水磨坑河源于鹏城社区北侧的排牙山，聚集于西侧的水磨坑水库后，自北往南流入龙岐湾，河道长 1.5 千米。

地下水类型主要为上层滞水、松散岩类孔隙水和基岩裂隙水，地下水补给主要为侧向浸透及大气降水，通过侧向渗透及大气蒸发排泄，地下水位随季节变化较大。

自然资源

鹏城辖区因地貌类型复杂且气候湿润，为动植物的生长繁衍提供了良好的环境。

动物资源 陆生动物中兽类主要有果子狸、穿山甲、穿山狸、野猪、山狗、黄麂、大灵猫、小灵猫、鼬獾（猪狸）、黄猄等。禽类主要有鹧鸪、斑鸠、鸦鹃（毛鸡）、猫头鹰、鹊、水鸭、白鹭、白鹳、燕子、乌鸦、麻雀。蛇类主要有金环蛇、银环蛇、青竹蛇、南蛇、蟒蛇、泥蛇、眼镜蛇、草花蛇等。水生动物中鱼类主要有黄鳝、泥鳅、花鳗鲡、鳜鱼、赤眼鳟、白鳝、生鱼、塘虱、鲶鱼、鲂鱼、胡子鲶、鲈鱼、黄鱼。虾类主要有墨吉对虾（大虾）、周氏新对虾（黄虾）、刀额新对虾（麻虾）、斑节对虾、近缘新对虾、长毛对虾（白虾）、赤虾、龙虾等。蟹类主要有锯缘青蟹（青蟹）、远游梳子蟹（花蟹）、红星梳子蟹（三点蟹）、斑纹蟹。贝类主要有近江牡蛎（蚝）、翡翠贻贝（青蛤）、栉江珧、扇贝、管角螺（响螺）、毛蚶（毛碌）。海水水生动物主要有鱿鱼、墨鱼、海参、海胆、海蜇、海龟等。

植物资源 树木类有榕树、香蒲桃、浙江楠、荷木、乌榄、金叶树、五月茶。滨海沙生植物群落分布于滨海沙滩上，以厚藤、珊瑚菜、鬣刺为多。草本植物有鸟巢蕨、槟榔、良姜、草蔻（土砂仁）、金钱草、独脚金（干草）、华南谷精草（大叶谷精草）、松叶蕨、石松、铺地蜈蚣（过山龙）、翠云草、水蕨、剑叶凤尾蕨等。竹类植物有慧竹、托竹、扫把竹、毛竹、青皮竹、黄竹、麻竹、单竹、簕竹、观音竹、棕竹、佛肚竹、大芒竹、苦竹等。花卉有虎舌红、野牡丹、风车藤、桃叶珊瑚、仙湖苏铁、树蕨、长叶木兰、桃金娘、中华卫矛、杜鹃花科、玉叶金花、红叶藤、兰花等。种植果树有桃、李、杏、梅、梨、柿、柑、橘、橙、柚、枇杷、荔枝、龙眼、黄皮、石榴、芒果等。

◉ 人口　姓氏

人口溯源　鹏城村不同于历史上一族一姓开基的传统氏族村，属于由移民组成的村落。明朝因当时屯兵所需，从全国各地抽调官兵于此，之后世世代代在当地繁衍生息。第一批驻在所城的1200名官兵及其家属，由明军将士（从征）、归降明军的兵士（归附）、获罪被发配充军人员（谪发）、建城征调的平民（垛集）4部分人组成。在鼎盛时期，所城内外居住军队及家属逾2000人。清代取消海禁后，又有大量客家人从梅州、惠州等地迁来，人口数量达到新高。清末及民国时期，由于战乱导致鹏城村人口减少。

20世纪50年代至70年代末，深圳地区出现“逃港”风，影响到鹏城村。据不完全统计当时约有80%的人在此期间流向香港。改革开放后，社会经济迅速发展，人口也呈现稳步上升态势。至2018年底，全村户籍人口603户1928人，其中男性891人，女性1037人，80岁以上94人，非户籍外来人口11932人。

主要姓氏 因移民多的缘故，村里姓氏较多较杂。入村最早的为王、藏、齐三姓，此后杨、李姓陆续迁入。经过600多年的变迁，至2018年年底，鹏城社区内有70余个姓氏。就单独一个姓氏而言，其来源也不相同。按自然村划分，大致情况为：

东北村主要姓氏有欧、王。其中欧氏从广东番禺迁来，至2018年已历10代。王氏迁徙情况不详。

西北村主要姓氏有刘、林。刘氏开基始祖为瑞昌公，在村已至少历12代人。林氏始祖兰廷原籍福建莆田，清顺治六年（1649）因贸易所需迁徙至广东惠州平海。大鹏一脉的始祖为仕英公，兰廷五世孙，官至平海营把总。清乾隆八年（1743）补授大鹏营千总，在村已至少历10代人。

东南村主要姓氏有李、余。李氏一支约于民国中期从广东顺德迁徙至鹏城，在村已至少历5代人。另一支李氏祖先在清朝初期从南京迁徙至鹏城任官。余氏在抗日战争时期从上海逃难至香港，后迁徙至此。

西南村主要姓氏有王、李。王氏一族祖先来自广东东莞，在明朝期间迁来。李氏一族人在明朝洪武年间从南京迁来。

四合村主要姓氏有钟、李、杨。钟氏祖先在清代从王桐山村迁移至此。李氏祖先在清代从南澳迁来。杨氏祖先在清代从广东惠州迁来。

较场尾村主要姓氏有王、何、余。王氏从鹏城西南村迁来。何氏、余氏迁徙情况不详。

乌涌村主要有毕氏、郑氏、黄氏。迁徙情况不详。

赖氏是鹏城的望族，在大鹏生活了近300年，家族人才辈出，自赖世超起算，一个

赖氏祖祠（2016 年）

家族子孙三代出了五位将军，有“宋有杨家将，清有赖家帮”之美称。据《赖氏族谱》记载，在鹏城，赖家先后出了 20 多位官员，其将军数量之多、品位之高，实属罕见。鹏城赖氏始祖为赖吾彪，在清乾隆年间由广东紫金迁居鹏城，始以竹篾手工艺为生。此后，赖氏两代单传，生活清贫，至第三代名世超，封武功将军，是“三代五将”中的第一将。赖世超两子赖英扬、赖信扬均从最低级军官起任，前者官至浙江定海镇总兵，后者官至福建水师提督，官至一品。赖英扬、赖信扬与各自的儿子赖恩爵、赖恩锡共同构成了“三代五将”中的另四将。至 2018 年，鹏城赖氏已历 13 代人，后人约 400 人，其中在香港及其他国家或地区的有 200 多人。

人口总量

户籍人口 据 2010 年 11 月 1 日全国第六次人口普查统计，鹏城社区总人口 11762 人，其中男性 6022 人、女性 5740 人，汉族 11221 人，少数民族 541 人。2010 年 12 月 31 日统计鹏城社区户籍人口 1793 人，总户数 598 户，其中男性 835 人、女性 958 人。至 2018 年，户籍数 603 户，人口 1928 人，其中男性 891 人、女性 1037 人。

外来人口 1978 年建设惠东县白盆珠水库，有部分人迁徙到鹏城村，是第一批外来人口。改革开放以后，引进大量工厂，因此大批外来人来此。外来务工人口主要来自湖南、江西、四川、河南、贵州等地。至 2018 年年底，外来务工人口 11932 人，其中男性 7545 人、女性 4387 人。

人口构成 2018 年鹏城社区户籍人口年龄结构为：18 岁以下 338 人，占总人口数的 17.53%；19 ~ 60 岁 1342 人，占总人口数的 69.61%；61 岁以上 248 人，占总人口数的 12.86%。劳动力结构：劳动人口 1360 人，占总人口数的 70.54%；其中 16 ~ 60 岁男性 625 人，占劳动人口总数的 45.96%；16 ~ 56 岁女性 735 人，占劳动人口总数的 54.04%。人口分布：鹏城社区户籍人口分布于 7 个自然村。2018 年总人口 1928 人，其中东南村 327 人，占总人口数的 16.96%；东北村 205 人，占总人口数的 10.63%；西南村 249 人，占总人口数的 12.91%；西北村 334 人，占总人口数的 17.32%；四和村 202 人，占总人口数的 10.48%；乌涌村 218 人，占总人口数的 11.31%；较场尾村 393 人，占总人口数的 20.38%。

香港同胞、华人华侨 大鹏是深圳市的著名侨乡，华人华侨人数众多，分布于 78 个国家和地区，华侨以定居美国、荷兰、德国的居多。由于受历史原因和地理环境的影响，20 世纪初鹏城人就开始漂洋过海到香港等地打工赚钱，定居香港移居海外的人数逐渐增多。这些鹏城人在外辛勤劳作，艰苦创业，并将累积的财富用于家乡建设。20 世纪 60 年代初，很多人利用大鹏与香港一水之隔的便利条件，不惜冒险偷渡到香港甚至到海外赚钱以资补家用。1980 年 11 月香港实行即捕即解政策，不再为偷渡者办理身份证。改革开放后，国家开放移民政策，夫妻分居、父子分离的家庭，经批准后可以移居香港及国外。至 2018 年年底，鹏城有香港同胞 547 人，华人华侨约 1500 人。

◉ 村域经济

农业 新中国成立前，鹏城种植的农作物主要有水稻、番薯、花生等，经济作物以水果种植为主，以橘、荔枝、龙眼、甘蔗为大宗，养殖的家禽有猪、牛、鸡、鸭等。水稻的传统耕作制度为一年两季，早稻与晚稻连作。20 世纪 50 年代起，开始推广种植广南特 16 号、珍珠矮、广塘埔矮、溪南矮等优良品种。番薯种植主要品种有红苗、香薯等品种。橘子为当地特色农产品，多种植于村后的排牙山下。因排牙山下土地肥沃，日照充足，适宜橘子的生长，该村种植历史已超过百年，所产橘子以其皮薄多汁而出名。养猪是主要副业，饲养的品种多为大花白猪、惠阳黑猪等，新中国成立后推广养殖黄塘猪、梅花猪等。

“文化大革命”期间，鹏城贯彻“以粮为纲”方针，水稻、番薯种植面积达 60% 以

稻田（2018 年）

上，另有榨油、榨糖等副业加工。由于生产技术落后，产量一直不高。

改革开放后，鹏城村先后推行家庭联产承包责任制、专业承包责任制、双层经营和股份合作制等改革，极大地推动了农业发展。90 年代，粮食生产平均亩产达到 1000 千克。村集体建有果场 4 个，鱼塘 1 个，大型养鸡场 1 个，养猪场 3 个，虾场 2 个，鳗鱼苗场 1 个。此后，鹏城村根据市场需求，多次对农业结构进行调整，减少了粮食种植，扩大蔬菜、水果、养殖等生产规模，并出现部分养殖、种植专业户。

1996 年，深圳市农业暨菜篮子工程办公室在鹏城村规划两块农业保护用地。其中一块在打马坜水库附近约 480 亩，由市农业发展公司经营，主要养殖水鱼和鳗鱼；另一块在田心村共 737 亩，由市果菜公司负责种植蔬菜。市果菜公司采取分散发包栽种、

果场（1983 年）

中国农业科学院深圳综合实验基地（2018 年）

葡萄实验园（2018 年）

集中管理模式，成功种植萝卜、青菜、豆角等 50 多个蔬菜品种。当年生产蔬菜 90 多万公斤。

2000 年，建立蔬菜、禽畜、水产、水果四大鲜活农副产品生产基地，开发建立农业公园、珍贵水果种植场和蔬菜生产基地等，确保农业稳步发展。之后，随着城市化进程的加快，土地用途多发生较大改变，农业生产逐步萎缩。

2003 年，投资 2 亿元、占地 1500 余亩的科普特生态农业园建成，集高新农业、中外农业生态高科技孵化、农业旅游、农业教育培训为一体。是年，鹏城田心自然村生产的"田地"牌蔬菜被广东省农业厅批准为品牌蔬菜。

2014 年，中国农业科学院农业基因组研究所落户大鹏新区，在鹏城社区西侧开辟约 1200 亩的农业用地用于各项农业科研实验，主要从事农业基因组学、农业动植物分子育种等领域的科学研究。

工业 明清时期鹏城村已有个体作坊，主要有稻谷、榨油、榨糖等副业加工，后逐渐有建筑、小食品作坊等出现，主要集中在大鹏所城西门外。

20 世纪 50 年代，对工商业实行社会主义改造，鹏城村内部分私人作坊被纳入公私合营，大部分停业。"文化大革命"期间，个体私营加工业几近绝迹。

80 年代初，鹏城村办起砖瓦厂。1984 年引进第一家"三来一补"企业——鹏城眼镜厂。同年，鹏城村设立鹏城第一工业区，并引进 10 家工业企业。

1985 年引进第一家港资加工厂——友发玩具厂，随后又有小宝厂、华凯厂、富华厂

鹏城第二工业区（2018 年）

友发玩具厂（2018 年）

等香港企业投资进驻，相继又有国兴厂、锦辉镜厂、奇力美、成利纸品厂、鸿艺等三来一补加工厂入驻进村。

1987 年，大亚湾核电站开工，核能应急公路铺设，社区交通状况得以改善。但因核电站 10 千米范围内为限制发展区，鹏城村工业发展受到限制。此后，村加大投资，重点开展农副业加工。

90 年代，鹏城村有 10 余家外商投资的来料加工厂，建有 17 幢厂房，总面积 2.5 万平方米，职工 3000 多人。

2003 年，全村有工业企业 17 家，其中三资企业 9 家，“三来一补” 企业 8 家，初步形成机械、塑胶、五金、染织、建材、制衣、制造等行业。

2013 年底，鹏城社区有厂房 29 栋、总面积 6.24 万平方米，宿舍 16 栋、总面积 3.05 万平方米。

2018 年底，鹏城社区有厂房 39 栋，总面积 6.94 万平方米，宿舍 23 栋，总面积 3.2 万平方米，工业资产总值 2460 万元。

商业 明清时期，鹏城村已出现少量个体作坊和饮食店，并加工零售一些生活、生产用品。这些作坊主要集中在大鹏所城西门外，当地人称之为“西门市场”。清康熙至清嘉庆年间，西门外已形成颇具规模的集市，在清嘉庆《新安县志》中有明确记载。每当圩日，周边村的村民聚集在这里，贩卖生产生活用品。

新中国成立初期，受长期战乱影响，加之交通不便等因素，鹏城村商业多处于凋敝状态。1956 年，对工商业实行社会主义改造，村内的小商小贩多被取缔参加农业生产劳动。20 世纪 60 年代，村内的生产生活用品主要由供销社负责供应、销售，并在村内设立代销店。

改革开放后，鹏城村大力发展商业，经济发展迅速。80 年代初，鹏城村办起一家小杂货店，主要经营日用百货。随后，个别村民办起砖瓦厂、鸡场、商店等经济实体。村集体也办起经济实体。

1987 年，随着大亚湾核电站开工，交通状况得极大改善。但因核电站 10 千米范围内为限制发展区，覆盖鹏城村土地，鹏城村产业发展受到限制。于是，村加大投资，开展农副业加工。

进入 21 世纪后，鹏城商业得到长足发展。利用两个核电站兴建基地，开发榕树坑商业街、综合肉菜市场等，商业网络逐步形成，有国有、集体商业企业 10 余家，个体工商户 173 户，摊档 142 个，另有裕城、大亚、海惠万家等中型超市 6 家，并兴建海鲜文化街。同一时期，将经济发展的重心从工业转移到旅游业及与之配套的第三产业。创办海港旅游公司，与南华寺合作改建东山寺打造深圳东部大鹏半岛代表性的宗教旅游，创建大鹏所城文化创意产业园区，大鹏所城户外运动基地。开发和维修古城景点，扩大旅游宣传，开通旅游专线，成立古城博物馆和旅游开发管理处，修建金鹏桥，兴建文化广场，增设旅游项目。

2008 年，引进广东火电公司资金 1200 万元建成银滩酒店生活区，建筑总面积 8683 平方米。投资 6000 万元参与地铁三号线建设。完成山海生态农庄建设，打造东部山海旅游配套项目品牌，建立经济实体。

2018 年年底，鹏城社区资产总值 2.98 亿元，集体物业面积 13 万平方米，集体物业

榕树坑商业街（2019 年）

价值 1.82 亿元，经营总收入 3246 万元。

◉ 社会事业

教育

私塾学堂 清末至民国初年，鹏城村先后办有 2 所私塾，分别为李屋书房、崇兰书室，先后在私塾任教的有薛子辉、袁北山、林少春、李玉庭等。1927 年年初，民国政府教育部决定建立公立学校，逐步取缔私塾体制，统一教育体制，成立校董会。校董会成员由原宝安县第七区鹏一乡负责组织评选。至此，成立鹏飞小学（鹏城小学前身），地址位于今大鹏所城内文昌庙。

鹏飞小学首任校长为黄树芬，另有教员 3 人，学生有 140 人，分为一至四年级，每年级一个班。其办学主要经济来源一是学生的学费，二是市场费和屠宰费，三是每年美国纽约华侨慈善会的拨款资助。

初级教育 20 世纪 50 年代初，村民生活逐步改善，入学儿童有所增加。1952 年，学校由国家接办，私立学校改为公立学校。教师由国家教育部门调配、经费由国家统一调拨，学校布局也做了相应调整。“文化大革命”期间，小学教育受到冲击。1968 年，生产大队划出部分耕地作为小学的校办农场，学校每周轮流安排各年级学生半天时间的劳动课，主要种植花生、番薯、蔬菜等。改革开放后，学校贯彻落实各项教育方针政

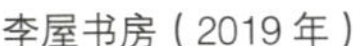
李屋书房（2019 年）

崇兰书室（2017 年）

策，正常教育秩序得到恢复，教学质量也逐步得到提高。同时，学校建立健全“四册”（学前儿童名册，适龄儿童名册、在校学生名册和流动留级学生名册），抓好“四率”（适龄儿童入学率、留级率、调正常流动率、巩固率）。1998 年 8 月，由鹏城村投资建设、百家好物业管理有限公司承办的全日制幼儿园创办。该园占地面积 4380 平方米，设有音体室、图书室、美术室、综合游戏室、科学室、创客室、塑胶运动场、30 米直跑道、沙池、游泳池以及种植区等设施。2001 年 9 月，建成鹏城小学新校。至 2018 年，鹏城社区有 1 所幼儿园和 1 所小学，分别为鹏城幼儿园和大鹏第二小学。是年，鹏城小学有教学班 12 个，学生 532 人，教职工 46 人，教师 36 人，占地面积 2.46 万平方米，有体育活动场地 1.15 万平方米、24 间课室、33 个功能场室，图书室藏书 2.15 万册。鹏城幼儿园有 10 个班，幼儿 351 人，教职工 55 人。

成人教育 鹏城社区成人教育可上溯到抗战时期。当时中国共产党领导的东江纵队在鹏城举办农民夜校，帮助农民学习文化、排演文艺节目，深入开展抗日救国宣传工作。

新中国成立后，人民政府采取夜校、业余学校、民众识字班等形式大力开展“扫盲”识字运动。1977 年，国家提出在 1980 年前扫除文盲的目标，鹏城村扫盲工作实行“三包”（学校包大队，教师包生产队，两个学生包一个文盲），鹏城青壮年在村办小学

鹏城学校（2016 年）

大鹏第二小学（2018 年）

内参加扫盲班。1992 年，成立大鹏成人文化技术学校（简称“成校”），在鹏城小学举办扫除镇内青壮年文盲培训班，1994 年完成扫盲任务并通过上级验收。1996 年，大鹏镇与华南农业大学联合举办乡镇企业管理大专班，鹏城村有 2 人参加学习。2002 年，鹏城村、大亚湾先后成立两家大鹏成校电脑教学点。2005—2009 年，鹏城社区参与大鹏成校面向居民免费举办的 4 期成人高中学历教育，完成 40 岁以下青壮年高中学历 85% 达标率任务。2008 年有 3 人参加龙岗电大大鹏教学点社会工作专业大专班，其间多人参加广东、湖南、湖北等地成人高校学习。2013 年，大鹏新区对教育资源进行优化整合，整合葵涌、大鹏、南澳成人文化技术学校 3 个机构，组建成新区成人职业技术学校。

文体活动　新中国成立前，鹏城村村民普遍文化教育程度不高，供村民进行体育活动的场所较少。新中国成立后，篮球、乒乓球等体育活动开始在村内流行。1971 年，大鹏公社成立文化站，各类文化体育活动逐渐丰富。改革开放后，随着经济的迅速发展，村民生活水平大大提升，村里经常组织各类书法、象棋、舞蹈、歌唱、篮球等活

篮球场（2016 年）

动，丰富村民的业余生活。大鹏新区成立后，社区每年举办文艺演出、歌唱比赛等各类大型群众性文艺活动，每逢春节或重大节日请省市杂技团、歌舞团来社区表演。截至 2018 年年底，鹏城社区有篮球场、羽毛球场、溜冰场、大家乐舞台、影剧院、投影室、老人活动中心、社区活动室、图书馆等设施，居民文化娱乐生活丰富多彩。

鹏城社区老年人协会（2019 年）　　图书室（2018 年）

医疗卫生 新中国成立前，村民主要在鹏城村内鹏一诊所就诊，在大生堂药铺购买草药，此外有个别私人诊所供村民就医。1958 年，大鹏镇成立大鹏卫生院，是镇一级综合医院，方便村民就诊。“文化大革命”期间，生产大队设卫生室，配赤脚医生数名，赤脚医生主要由略懂医术病理的村民和知识青年构成。同时期，县医院对赤脚医生进行培训，并开展医疗下乡活动。

2000 年以后，鹏城村内先后有 4 家医疗卫生机构，分别是鹏城社区健康服务中心、新鹏城社区健康服务中心、李志权西医外科诊所、王慧玲口腔诊所。

鹏城社区健康服务中心成立于 1996 年 8 月，1997 年 6 月正式运营，隶属于辖区妇幼保健院。2015 年停业。

新鹏城社区健康服务中心成立于 2012 年 8 月，是辖区妇幼保健院的下辖社康中心，中心具备医疗、护理、康复、健康教育、预防保健等服务功能，定期举办义诊活动及医疗咨询活动。

妇幼保健 解放前，鹏城村内孕产妇、婴幼儿很少得到科学的保健照顾，新生儿死亡率较高。解放后，随着村民生活水平的提高，妇女健康保健、生殖健康保健与优生优育知识得到普及，妇幼保健水平明显提高。

疾病防控 解放前，鹏城村整体卫生环境较差，常见病和多发病有吸虫病、疟疾、脑炎、鼠疫等。

20 世纪 50 年代起，鹏城村开展爱国卫生运动，包括卫生环境整改和除“四害”活动，村民患病率逐渐下降。60 年代起，鹏城村开展“两管五改”（管水、管粪，改水、

新鹏城社区健康服务中心（2018 年）

改厕、改畜圈、改炉灶、改造环境）活动，卫生面貌明显改观。改革开放后，鹏城村大力开展爱国卫生运动，严格控制水源周围不得存在渗水厕所、猪圈、垃圾堆等污染源，村民饮水安全得到保障。

90 年代后，镇政府通过加强计划免疫、卫生检测、消毒灭虫及对群众进行健康教育等综合性预防措施，各种传染病得到有效控制。2003 年，“非典”流行期间，鹏城村组织力量进行大规模的消毒工作，村内无一例“非典”发生，是年获得“深圳市卫生村”称号。2009 年获得“广东省卫生村”称号。

大鹏新区成立以后，鹏城社区完善相关制度，组织人力对较场尾、大鹏所城、东山寺等旅游景区及停车场环境卫生清理清扫，保持周边无积存垃圾，海滨沙滩上午、下午两大扫。市场每月消杀两次，确保有效防治“四害”。2014 年 7 月，大鹏新区疾病预防控制中心成立，鹏城社区疾病防控工作由其统筹。2018 年，鹏城社区的道路硬底化达 96%，排水、排污沟渠硬底化达 95.5%；垃圾运输密闭化达 100%，建有垃圾转运站，村道有环卫工人打扫，公厕全部实现水冲式、三级化粪池，有专人管理；自来水普及率达 100%。

整洁的街道（2018 年）

◉ 村级组织

中共鹏城社区党组织 鹏城村党支部最早成立于 1949 年 5 月，2003 年 10 月 17 日改设为鹏城社区党总支。2011 年 2 月，成立中共鹏城社区综合党委。2016 年 5 月，更名为中共深圳市大鹏新区大鹏办事处鹏城社区委员会。社区党委下设 16 个党支部，有党员 155 人（其中预备党员 4 人）。党委和居委会成员 100% 交叉任职。

鹏城社区居民委员会 居民委员会成立于 2004 年 9 月 13 日，由撤村设居改制而成，是年，深圳市龙岗区民政局批准撤销鹏城村委会、成立鹏城居民委员会，并确认首届组成人员。2018 年底，居委会下设机构有居委会（办公室）、治保会、调解会、民兵营（连）、计生办、城管和农林水办、基建办等。

鹏城股份合作公司 2004 年 10 月 27 日，鹏城社区选举产生第一届股东代表。2004 年 10 月 29 日，由股东代表大会选举产生第一届公司董事会、监事会和集体资产管理委员会组成人员。后董事会聘请公司经理、副经理负责具体管理和运作。鹏城股份合作公司成立于 2005 年 3 月 11 日，注册资本 6263.63 万元，由原经济发展公司及其下属东南、东北、西南、西北、乌涌、四合、较场尾 7 个自然村集体经济合作社改制而成。2018 年有股东 1488 人，公司利润 2769 万元。

鹏城社区综合服务楼（2017 年）

◉ 基础设施

道路交通 明清时期，鹏城村交通主要由北向和西向两条道路构成。

北向道路连接坝光与大鹏地区，位于排牙山脉上，是连接古代归善县坝光地区与新安县大鹏所城的重要通道，附近村民们称之为坝光坳。该条道路于明朝末年有许多商人来往坝光与鹏城进行贸易而形成，当时有许多坝光地区的村民将当地所产的鲜鱼担至鹏城村前市场售卖，久而久之便形成了道路。道路起自鹏城四合北侧，沿着排牙山一凹处通往坝光，全长约 4 千米。

西向道路是连接东莞县城、南头古城的古代驿道，即今鹏飞路前身，走向与今鹏飞路大致相同，该条道路至叠福后，沿着海边的山上一直可通往葵涌、盐田、罗湖地区并最终连接南头古城。

新中国成立后，鹏城村交通状况有了明显改善，1957 年修通连接龙岗、深圳的简

坝光坳（2017 年）

鹏飞路（2017 年）

易公路，即今葵鹏路前身，每天早晚各有一趟客车往返，极大方便了鹏城村村民的日常出行。改革开放后，随着经济迅速发展，尤其广东大亚湾核电站和岭澳核电站的相继兴建，加速了公路建设进程，修通深圳东部沿海高速和坪西一级公路，2006 年核电应急公路拓宽建设。2018 年，鹏城社区主要依靠鹏飞路和银滩路两条主干道，其中鹏飞路可方便快速连接大鹏中心区，路况良好通畅，并通过坪西公路连接盐坝高速与市区相连；银滩路沿新大——龙岐湾海岸延伸，可通往南澳。

供水　供电　供气

供水　鹏城村境内水源主要源自村后的排牙山，排牙山上流下的鹏城河与水磨坑河是村里的主要河道，并形成多条支流，接通自来水以前村民生活用水主要为河水和井水。1994 年 3 月，深水龙岗水务集团大鹏自来水公司鹏城水厂一期工程建成投产。2006 年 8 月二期扩建工程投入使用，供水规模 3 万立方米 / 天，水厂供水能力及现状给水管网能满足社区居民用水需求。

供电　鹏城村最早用电时间可追溯到 20 世纪 70 年代。当时电力由鹏城村老糖厂电厂发电提供，供电电源单一，可靠性差，每晚只能供应每户家庭 2 小时电力。2018 年，鹏城社区电网的主要供电电源是 110 千伏大鹏变电站 F17 新龙一线和 F20 生态一线，实现双电源供电，供电台区变压器共计 16 台，总容量为 8860 千伏安。2018 年社区用电量达 1920 万千瓦时，用户数共 2332 户，户均用电量 8233 千瓦时 / 年。

供气 在开通燃气前，村民主要以稻草、煤炭等作为燃料。但这些燃料存在较大的安全隐患，是火灾发生的主要诱因。20 世纪 80 年代起，鹏城村开始使用液化石油气代替传统燃料。至 1995 年全村家庭均用上液化石油气。

兵事春秋

明初，中国的海防职能从以前的防“盗贼”转向防抗倭，并随着西方列强的到来，进而转向抵抗西方列强的入侵。明洪武二十七年（1394），花茂奏设置大鹏守御千户所，始建鹏城。大鹏所城自其建成之日起就承担着重要的海防功能，在抗击外侮的斗争中起到了巨大的作用。明隆庆五年（1571），大鹏守军和鹏城村民一同成功抵抗倭寇的进攻。清道光十九年（1839），大鹏营参将赖恩爵率领中国水师在九龙击退英舰。抗日战争时期，鹏城又成为广东人民抗日游击队的活动地区之一。

◉ 军事设施

大鹏所城

建城背景 明朝初年，由于元末战争的破坏，社会经济凋敝，土地荒芜。为减轻维持庞大军队粮饷的沉重负担，明朝廷在军事上实行卫所制。卫所制，是一种军人世袭、兵农合一的制度，即把世袭服役军士同屯田紧密结合起来。

明洪武十年（1377），明朝政府在东莞县城南设立了南海卫，下辖前、后、左、中、右五个千户所。明洪武十四年，明朝廷已有设置"东莞""大鹏"两个千户所之议。明洪武十六年，东莞县笋岗一带（今属深圳市罗湖区）的大批农民起义反抗官府，广东都指挥同知花茂率领官军围剿，才把事件平息下去。由于东莞县东部地区的社会治安每况愈下，其他地方设置卫所后，这一地区更成了盗匪和倭寇的藏身之处。明洪武二十七年，广东都指挥花茂上奏朝廷，要求在广东沿海增设东莞、大鹏二卫所"以备倭寇"，大鹏守御千户所开筑。

选址 广州左卫千户张斌接到修筑任务后，通过勘察地形，初选址于大鹏半岛南端的西侧一处地方动工筑城。在修筑一段城墙后停建，改址乌涌村侧龙头山下（今大鹏所城）。改址重建的大鹏所城依山面海，易守难攻。北有排牙山坐镇，南有海中七娘山为其屏障，左右有东山和西山护卫，其中排牙山、七娘山海拔均在700米之上，地理格局形成天然的避风港湾。

瞭望孔（2018年）

马道（2018年）

大鹏协副将署遗址（2018 年）

城防系统 大鹏所城城防系统由城墙、城门与城门楼、马道、马面、女墙、城墙外沿的护城河等构成外围防御，城墙上有四个角楼、十六个警铺。城内左堂署、副将署、守备署、军装局、火药局等衙署，是明清军事防御系统的体现。

兵员配置 明洪武七年第一次确定卫所的规模：一般以 5600 人为一卫，最高首长是指挥使，其下设指挥同知、指挥佥事等官，每卫设前、后、左、中、右五个千户所；一般以 1120 人为一千户所，设千户等官；千户所下辖十个百户所，每百户所 112 人，设百户等官；下设两总旗（每总旗辖50人）十小旗（每小旗辖10人），设总旗官、小旗官等。“卫”和“所”的将士实行子承父业的世袭制，从卫指挥使到百户等卫所官员，都是世袭的，称“世官”。卫所里的士兵称“军”，军士也是世袭的。军士及其家属有特殊的社会身份，有专门的军籍，由五军都督府直接管理，不受地方行政官吏的约束。

海防重地 早在明初，倭寇就开始频繁骚扰中国海疆。明洪武十三年，倭寇开始大举入侵广东沿海州县，成为朝廷的一大祸患。为了稳定边疆，打击倭寇，朝廷在沿海相继建立了广州卫、潮州卫、南海卫、碣石卫、广海卫、肇庆卫、神电卫、

门楼（2018 年）

雷州卫和海南卫 9 卫 29 所，大鹏所城为其中一环。大鹏所城处于广州府和惠州府的交界地，其时同属惠州府和广州府管辖。从海路上看，它与东莞守御千户所城所共同管辖的深港地区海面，扼守珠江口左海路，是外敌进入广州的必经之地。所以大鹏城与东莞所城一并被称为“省会门户”；从陆路上看，大鹏半岛是外敌入侵，北掠淡水、惠阳的一个重要登陆点，而大鹏所城正扼守其要冲，特别是鸦片战争中英国人占据香港后，大鹏城所辖地区成为抗英最前哨。

清康熙《新安县志》海防图

烟墩

大鹏所城自其建成之日就承担着重要的海防作用，在大鹏所城附近有一套完整的烟墩体系，这些烟墩与所城相互串联，共同构成一个庞大的防御系统网络。据清康熙《新安县志》记载：莲花迳堡，离县六十里，抵东莞界，路甚险僻，为寇盗渊薮。崇祯十五年，知县周希曜建设营堡，拨民哨各兵□名，更番防守；寇盗屏息，往来便之。又记：野牛墩、大湾墩、旧大鹏墩、水头墩、叠福墩，以上五墩，每墩瞭守旗军五人，大鹏所拨。

旧大鹏墩 位于深圳市大鹏新区南澳办事处西涌靠近海边的狂芒山顶上，明崇祯十五年（1642）置，由5个东西向排列的烟墩组成，烟墩平面呈覆斗形，用石头垒砌，从南向北分别编为1～5号，方向北偏东30°。东、北山坡地势低缓，西、南山坡地势陡峭。站在墩台上东可望柴鞋角、西可望牛奶牌。

水头墩 位于深圳市大鹏新区南澳办事处水头沙社区英管岭山顶上，又称水头烽堠。明崇祯十五年置。烟墩东西长约20米，南北宽9米，占地面积约180平方米，烟墩一共4个，一大三小，三小墩成“一”字形排列。墩台呈圆斗形，大烟墩底部直径约6米，小烟墩直径约1米，均用山石垒砌而成，附近有碎瓦片。烟墩砌筑于高约350米的山头上，可观察整个大鹏湾海面。2012年1月13日，被深圳市龙岗区人民政府确定为不可移动文物。

旧大鹏墩（2008年）

水头墩遗址（2017 年）

叠福墩（2008 年）

叠福墩 又名“叠福烽堠”，位于大鹏新区旧叠福村北的求水岭山上，由一个大瞭望墩和三个小烟墩组成。明崇祯十五年置。墩台呈方斗形，用石头垒砌，附近发现有瓦片遗物。筑在高约 250 米的山头上，可观察整个大鹏湾洋面，王母、葵涌等地在其俯瞰之下。

野牛墩 又名“野牛烽堠”，位于大鹏新区岭澳村濒海的山冈上，可俯瞰大亚湾龙岐澳的入口。明崇祯十五年置。墩台呈方斗形，用石头垒砌。1982 年修建大亚湾核电站时，划为禁地。

大湾墩 又名“大坑烟墩”“烟墩山”“大坑烽堠”。位于大鹏新区大坑村南濒海的山冈上。明崇祯十五年置，它南临大亚湾龙岐澳，可俯瞰整个龙岐澳。墩台筑于高约 1000 米的山冈上，为圆台形砖土结构，台底直径 10 米，上径 3.6 米，上部有一个直径约 2.2 米、深 1.2 米的圆坑，并有一个宽 0.9 米，向西北开的缺口作为风门。墩台周围砌砖。墩台距大鹏所城约 1.5 千米，是离所城最近的一个墩台。现墩台的东和北均属于大亚湾核电站范围，1982 年修建大亚湾核电站时，划为禁地。后因修建休闲阁亭，烟墩被毁无存。

校场 校场是古时操练或比武的场地。大鹏所城有东、西两个校场。

东校场 大鹏所城建成后，为提高驻防将士的战术和作战能力，于城东数百米处龙头山下开辟一个面积数十亩的演武场，俗称“东校场”。

西校场 随着大鹏所城官兵不断增多，官兵们在东校场练兵变得越发拥挤。清康熙十年（1671），大鹏营中军守备马玉成在大鹏所城东南方的大亚湾海滨又开辟了一个面

西校场旧址（2019 年）

积与东校场相近的演武场，俗称“西校场”。

东西两个校场一直使用至清末，当年鹏城人刘起龙、赖英扬和赖恩爵等人初入行伍时，都曾在大鹏营东、西校场习武。

◉ 驻军

大鹏守御千户所 明洪武二十七年设，隶东莞县南海卫。额设正千户 1 员，副千户 2 员，百户 11 员，镇抚 2 员，幕官吏目 10 员，武官 2 员，旗军 232 名。

大鹏防守营 清初，大鹏所设防守千总 1 员，兵 300 名。清顺治四年（1647），李万荣攻陷大鹏城，并以之为根据地，对抗清军。清顺治十三年，李万荣被总兵黄应杰招降。李万荣投降后，新安县知县傅尔植奏请改设大鹏所防守营，并设守备 1 员，把总 1 员，官兵 500 名。清康熙七年（1668），并大鹏所防守营入惠州协，归惠州协副将管辖，时该营官兵 400 名。

大鹏水师营 清康熙二十一年（1682），清朝廷收复台湾，并撤海禁令，沿海交通及贸易随之发展，朝廷为增强沿海防卫，于清康熙四十三年改大鹏所防守营为大鹏水师营，并增添游击 1 员，中军守备 1 员，额设左右哨千总 2 员，左右哨把总 4 员，外委把总 7 员，兵 931 名。其时，该营辖管塘汛 9 处：九龙汛、大屿山汛、盐田汛、上峒塘汛、关湖塘汛、下沙塘汛、老大鹏汛、红香炉汛及东涌口汛；另炮台 3 座：大屿山炮台（炮 8 位，营房 20 间）、沱泞炮台（炮 8 位，营房 26 间）及佛堂门炮台（炮 8 位，营房 15 间）。防所大炮共 168 位。

清雍正四年（1726）裁游击，改设参将 1 员，添设外委千、把总 7 员，改隶广东水陆提标统辖。

大鹏外海水师营　清嘉庆十五年（1810），广东增设水师提督，驻虎门，设 5 营，左营驻新安县城，大鹏设外海水师营，设参将 1 员，中军守备 1 员，额设左右哨千总 2 员，左右哨把总 4 员，外委千、把总 7 员，俱驻大鹏所，归虎门水师提督管辖，兵额 800 名。其时，该营辖管有：盐田汛、麻雀岭汛，把总 1 员，外委 1 员，分防兵 28 名；沱泞炮台，把总 1 员，外委 1 员，分防兵 83 名，拨防兵 10 名；老大鹏汛，兵 10 名，九龙炮台，把总 1 员，外委 1 员，分防兵 38 名，拨防兵 10 名；九龙海口汛，兵 10 名；红香炉水汛，兵丁拨配米艇巡洋；大屿山炮台，千总 1 员，分防兵 48 名，拨防兵 30 名，大屿山汛，兵 10 名；东涌口汛，外委 1 员，兵 20 名。该营有巡洋船艇，大米艇 2 艘，中米艇 3 艘，各配兵 46 名；及捞缯船 2 艘，各配兵 27 名；合共 284 名。

清大鹏水师船

清道光十一年（1831），因该营所辖之洋面宽广，难于防卫，遂分设左右二营。左营设参将1员，守备1员，千总2员，把总3员，兵额505名。右营设守备1员，千总1员，把总3员，驻东涌寨城，兵482名。左营巡洋船艇有大米艇2艘，中米艇2艘；右营则有大米艇1艘，中米艇1艘，捞缯船3艘。

大鹏协 清道光二十年（1840），因鸦片走私盛行，英国人的威胁日益增大，遂将大鹏营改升为协，增强兵力。其时该协增设副将1员，移驻九龙。都司1员，兼营左营，驻扎大鹏城。大鹏左营添设把总2员，外委2员，额外外委2员，步战守兵连新添外委额外名粮，共291名。大鹏右营添设千总1员，把总1员，外委2员，额外外委2员，步战守兵连新添额外名粮，共209名。

该协所辖台汛，除前大鹏防守营外，左营增设尖沙咀炮台，配千总1员，额外外委1员，兵130名。右营增设官涌炮台，配把总1员，兵75名。左营辖管之红香炉汛，除原有巡洋兵丁、米艇外，另增外委1员，兵15名。

在海军配置上，除原有额设之大小米艇6艘、捞缯船3艘外，另添米艇4艘，左右营各半，以千总1员，把总1员，外委2员，兵204名配驾。又添快船2艘，以额外外委2员，兵56名配驾。所添员弁船只，均由水师各营移拨。

清道光二十二年，香港岛割与英国，大鹏协之地位更显重要，清朝廷遂于清道光二十六年议定建造九龙寨城，翌年三月竣工，大鹏协副将亦移驻城内衙门，辖左右二营。其中水师副将驻九龙寨城，隶水师提督统辖。

九龙寨城全景图

大鹏协左营。水师兵丁 795 名，左营中军都司、守备、右哨头司把总、右哨头司外委把总、左哨头司额外外委、右哨头司额外外委各 1 员，城防兵 244 名，驻大鹏所城。左哨千总 1 员，兵 75 名，分防九龙炮台汛。左哨外委千总 1 员，兵 15 名，分防九龙海口汛。右哨额外外委 1 员，防兵 150 名，驻九龙寨城。右哨千总 1 员，兵 55 名，分防沱泞炮台汛。左哨头司把总 1 员，兵 35 名，分防盐田汛。左哨二司把总 1 员，兵 25 名，分防佛堂门汛。右哨二司把总 1 员，兵 25 名，分防粮船湾讯。右哨外委千总 1 员，兵 15 名，分防老大鹏汛。右哨二司外委把总 1 员，兵 10 名，分防沥源港汛。右哨二司外委把总 1 员，兵 15 名，分防塔门汛。左哨三司把总、左哨头司外委把总、左哨三司外委把总、左哨额外外委各 1 员，巡洋兵 120 名，管驾出洋巡船。

大鹏协右营。水师兵丁 641 名。右营守备、左哨二司把总、存城外委、存城额外外委各 1 员，存城防兵 155 名，驻东涌寨城。左哨二司外委把总 1 员，兵 30 名，分防东涌口小炮台汛。右哨千总 1 员，兵 40 名，分防大屿山汛。右哨外委千总 1 员，兵 30 名分防大屿山石笋炮台汛。左哨头司把总 1 员，兵 50 名，分防青龙头汛。右哨头司把总、额外外委各 1 员，兵 45 名，分防长洲汛。左哨头司外委把总 1 员，兵 15 名，分防青衣潭汛。右哨头司外委把总 1 员，兵 15 名，分防坪洲子汛。右哨二司外委把总、右哨额外外委各 1 员，兵 60 名，管驶出洋巡船。除此，另有深水埗汛，防兵 35 名。蒲台汛，兵 20 名；沙螺湾汛，兵 5 名；大壕汛，兵 5 名；急水门汛，兵 10 名；梅窝汛，兵 5 名；榕树湾汛，兵 10 名。

清咸丰十年（1860），九龙地区转归英属，大鹏协所辖部分汛台在英界内，故被废置。清同治八年（1869），该协左营实存兵 430 名；右营实存兵 320 名。至清光绪二十四年（1898），英人租借新界及离岛地区，该协所辖汛台全在英界内，故被裁没。清光绪二十五年，九龙寨城内的官员被驱逐出境，该协 2 营亦被裁。

附：林则徐《请改大鹏营营制折》

“窃照广东虎门海口，为中路扼要之区……西则香山，东则大鹏，形成两翼。查香山协向驻副将，管辖两营，额设弁兵一千七百零九员名，兵力较厚。大鹏原止一营，额设参将一员，管辖洋面四百余里，其中有孤悬之大屿山，广袤一百六十里，是以道光十年已将大鹏分为两营，而所设弁兵只九百九十八员名，较之香山营制，已有轩轾……臣等伏查尖沙嘴、官涌两处，既经建设炮台，必须调兵防守。但大鹏左营额设参将一员，守备一员，千总二员，把总三员，外委五员，额外外委二员，步守兵四百九十七名。右营额设守备一员，千总一员，把总三员，外委五员，额外外委二员，步守兵四百七十五名。除分班出洋外，尚不足以敷巡守，据该营县会议请添，经臣等与水师提督臣关天培再四筹商，应将大鹏改营为协，拔驻副将大员，统带督率，与香山协声势相埒，控制方为得力。”

◉ 著名战事

明屯门海战、茜草湾之战 明正德六年（1511），葡萄牙人占领马六甲海峡，打开了通往中国的大门。明正德八年，葡萄牙人若尔热・阿尔瓦雷斯到达屯门，他带着获利数十倍的中国商品回到马六甲，有关中国的财富及通商可获厚利的消息也传至葡萄牙。明正德十二年，一支由 8 艘装备精良的葡萄牙船队，从马六甲出发抵达屯门。明正德十四年，另一支葡萄牙船队也来到屯门。随着来到屯门的葡萄牙人日渐增多，他

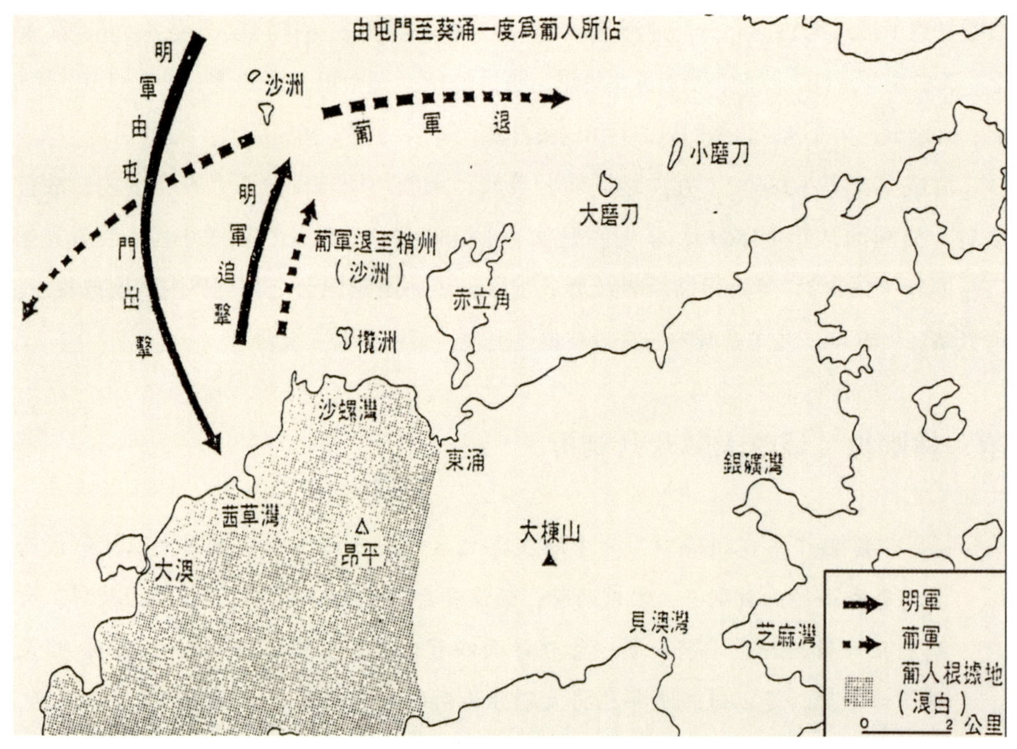

茜草湾之战示意图

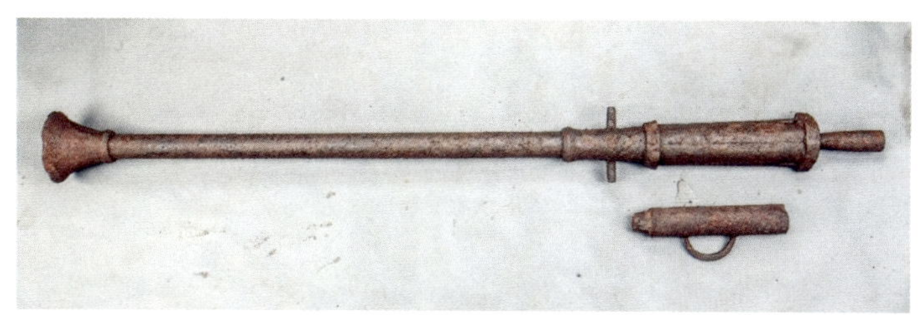

明喇叭口佛朗机铳（带子母炮）（2014 年）

们开始不顾明朝的法律，在屯门岛上擅自建筑石木结构的要寨，制造火器，架设火炮，事实上占领屯门岛。同时，葡萄牙占领满剌加，满剌加为明朝朝贡之国，其使者来华请求明朝廷帮助复国。明正德十六年，明朝廷下令拒绝葡萄牙的朝贡，令其使者皮雷斯回国，驱逐葡萄牙商人。但是葡萄牙人盘踞屯门，不肯离开。汪鋐指挥大鹏、东莞二所水师战船，封锁了屯门澳，晓谕葡萄牙人离开。但葡萄牙人根本不予理睬，仗其船坚炮利及岸上坚固的军事堡垒，据险抵抗。随之，汪鋐发动进攻，但第一次进攻失败。失败后，汪鋐制定了新作战计划，并很快再次指挥大鹏、东莞二所水师战船向葡萄牙人发动进攻。此役，汪鋐先命仿造的佛朗机火炮开火，然后用火舟直扑葡萄牙人战船，敌船大乱。随后明军战船纷纷冲入敌阵，陆上明军也同时发动猛攻，水陆夹攻，最终取得胜利，收复屯门。

屯门海战后，葡萄牙人并不死心。明嘉靖元年（1522），葡萄牙人又以 5 艘舰船组成的舰队入侵茜草湾。汪鋐得报，令明军舰队迅速出击，大鹏守军指挥柯荣、百户王应恩在茜草湾、稍州一带阻击敌军。明军发动火攻，重创葡船，斩敌 35 人，俘获包括葡船船长在内的 42 人，俘获葡船两艘和一批枪炮。

屯门与茜草湾两次海战的胜利，直接导致葡萄牙人放弃入侵屯门的计划。

明康公子守城　明朝中后期，政治腐败，战争频繁，土地兼并严重，使得本以屯田为生的卫所军士无计维生，被迫竞相逃亡。在此背景下，倭寇、海盗重新猖獗起来。康府始祖康宁，江西泰和人，明正统九年（1444）任大鹏营副千户。明隆庆五年（1571），一股倭寇流劫大鹏城。此时城内防守力量薄弱，正在危急之际，城内康府公子康寿柏奋起率众抵抗倭寇的进攻。据清康熙《新安县志》记载："时康公子呼众坚守，有登城者，手刃之，即碎其梯，围乃解……" 康公子出身军府，武艺高超，又懂带兵打仗，在他的号召和指挥下，城内军民多次打退敌人的进攻。倭寇强攻不进，便采取围城之法，把大鹏城团团围住，历时 40 余天，最后无功而返。

九龙海战场景复原图（2018 年）

清九龙海战 清道光十九年（1839），道光派林则徐为钦差大臣，前往广东禁烟。6 月，林则徐在虎门销烟，震惊中外。7 月 7 日，数名英国水手在尖沙咀酗酒闹事，殴打村民林维喜致死。林则徐查明案情，要求英方交出凶手。然而，英国驻华商务总监义律却拒不交凶。为维护中国主权，林则徐于 8 月下令停止供应英国人淡水和食物，还谕令澳门葡萄牙总督驱逐英国人出境。9 月 4 日中午，义律带领单桅快船“路易莎”号，在武装双桅桨船“珍珠”号、“得忌喇士”号、“甘米力治”号等 5 艘快船护送下来到九龙炮台附近海面，义律带 2 名士兵来到中国水师船前声言再不给英国商人船队供应水和食物，将遭到武力惩罚。英殖民者的要求遭到中国水师的拒绝，义律下令开炮轰击。大鹏营参将赖恩爵立即指挥各船和九龙炮台反击，中英九龙海战爆发。赖恩爵率领的中国水师船远弱于义律及其增援的船舰，但他不畏强敌，奋不顾身，率领水师船经近 5 个小时的战斗，终将英舰击退。大鹏营水师虽有 2 名兵丁牺牲、2 名重伤、4 名轻伤，却狠狠打击了侵略者的嚣张气焰。据新安县知县梁星源禀报：“查夷人捞起尸首就近掩埋者，已有十七具，又渔舟叠见夷尸，随潮漂流，捞获夷帽数顶……此外夷人受伤者，尤不胜计……”事后，道光赐赖恩爵“呼尔察图巴图鲁”（勇士）称号，晋升副将。

◉ 革命纪念地

东江抗日军政干部学校 1944 年，随着抗日斗争的深入，为了提高部队的战斗力和干部的文化水平，东江纵队在东山寺开办了东江抗日军政干部学校。第一期学员是东江纵队连排级干部，共 200 多人，1944 年 11 月毕业。第二期学员是东江纵队的班排级干部和保送的中学生，1944 年 12 月开学。1945 年 2 月东纵抗日军政干部学校随东江纵队司令部迁至罗浮山。1992 年，当地村民及华侨捐款对东山寺重新修缮，使其面貌全面恢复。1995 年 5 月，大门右侧又镶嵌了原东江纵队司令员曾生题

东江抗日军政干部学校纪念碑（2017 年）

革命陵园（2019 年）

字的石匾：一九四四年七月东江抗日军政干部学校创建于此。2009 年，东山寺重修。该次重修，曾生题写的石碑被拆下来收藏。2013 年 3 月，重新建成东江抗日军政干部学校旧址牌坊。

革命陵园 位于鹏城社区西榕树坑公路边。陵园门口有一高大的钢筋混凝土牌楼。陵园内有纪念碑一座，建于 1956 年，混凝土结构，分五级，高 5 米，底座 1.2 米，顶饰一颗红五星，下书“永垂不朽”。底座上面书有梁兆鉴、梁兆、苏满、戴富、戴辉、吴松添、张养、罗灶全、戴跃坤、戴正中、刘锦进、戴卓民、欧金生、余华荣、周新海、柯彩凤、罗树、欧阳康、王顺松、谢华送、陈镜鹏、王春霖、梁茂秋、欧南养等 24 位烈士英名。陵园内纪念碑西侧有刘锦进墓，东侧有赖仲元墓、罗贵墓和郑北星墓。

鹏城学校旧址 建于 1927 年。位于所城内东北角，为一栋普通民房。后在大鹏所城内的正北边修建校舍，现在残存的校门上“鹏城学校”的校名仍清晰可见。该校是抗日战争时期中国共产党在大鹏半岛开展抗日救亡活动的重要场所，许多进步青年以教师职业为掩护在此从事革命活动。

刘锦进故居 建于清末，为一砖石土木混合结构、坐北朝南的3层楼房，占地50平方米，距大鹏所城的东门古城楼30米，原为刘锦进与其兄弟的共同居所。该故居泥砖墙，内有木板棚及天井，是瓦片封顶的低矮“瓦房”，与同村大片瓦房为邻。1985年，由刘锦添雇工人拆旧建新，现为水泥钢筋框架结构，楼高3层，占地面积150平方米。楼房首层正面门高1.7米，门前通道狭窄，石块铺设的梯形通道，住宅左右通道似月形。

刘锦进故居（2019年）

鹏城乡村风景（2016 年）

文物胜迹

大鹏所城位于大鹏新区的中心地带，是鹏城村的历史文化发源地、传承地。城内建筑布局有序，雄伟壮观的城门与蜿蜒宁静的青石小巷，形成鲜明对比。保存完好的10余座府第和众多的古建筑、古遗址以及祠堂、庙宇以及近700座古民居，描画出了古城堡的恢弘。大鹏所城是广东沿海28千户所之一，是抗击倭寇、海盗和葡萄牙、英国侵略者的前沿阵地，是深圳别称“鹏城”的来源，承载着深圳的文化记忆。

大鹏所城于2001年被国务院公布为全国重点文物保护单位，鹏城村于2003年10月被建设部和国家文物局联合公布为中国历史文化名村。

◉ 古所城

所城结构 大鹏所城占地呈不规则梯形，东西宽 345 米，南北长 285 米，东、南、西分别有 3 个城门，北门于清嘉庆年间被封塞，清末废塌。四门均有瓮城，每个城门上原有一座敌楼，两边各设两个警铺。城墙用黄黏土夯筑而成，外表用砖石包砌。城墙下宽 6 米，上宽 3.5 米，高 6 米，全长约 1200 米，上设雉堞 654 个，并辟有马道，现仅存东北段约 300 米。城外东、南、西三面原有一条长 1200 米、宽 5 米、深 3 米的护城河。城内主要街道有南门街、东门街和正街等，基本布置仍保留明代格局。明清时期的民居错落有致，保存完好。明清时期城内有左营署、县丞署、参将府、守备署、军装局、火药局、关帝庙、赵公祠、晏公庙、华光庙、天后宫等建筑，今县丞署、关帝庙、赵公祠、城隍庙等基址尚存，或残存断垣残墙。

大鹏所城平面图（2018 年）

城隍庙遗址（2011 年）

东门楼坐西朝东，面阔 25.2 米，进深 11.4 米，通高 11 米。城门洞由内、外门组成，呈凸字形，内门宽 4.1 米，拱高 4 米，外门宽 2.6 米，拱高 2.63 米。内外墙面为城砖包砌，花岗岩条石墙基，墙内夯土填芯。城墙上设有雉堞，内设女墙。城门楼为砖木结构。

东门（2017 年）

南门（2017 年）

南门楼坐北朝南，面阔 25 米，进深 12 米，通高 11 米。城门洞由内、外门组成，呈凸字形，内门宽 3.45 米，拱高 2.6 米，外门宽 2.7 米，拱高 2.1 米。内外墙面为城砖包砌，花岗岩条石墙基，墙内夯土填芯。城墙上设有雉堞，内设女墙。城门楼为砖木结构。

西门楼坐东朝西，面阔 17.7 米，进深 10.3 米，通高 4.4 米。城门洞由内、外门组成，呈凸字形，内门宽 3.8 米，拱高 3.7 米，外门宽 2.4 米，拱高 2.5 米。内外墙面为城砖包砌，花岗岩条石墙基，墙内夯土填芯。城墙上设有雉堞，内设女墙。城门楼为砖木结构。

西门（2017 年）

城门楼历经多次战火和风雨沧桑，曾多次修葺。清康熙十年（1671）知县李可成、大鹏营守备马玉成等捐助修复。清康熙二十年后，各任知县虽相继修补，清嘉庆十七年（1812），城墙仍大部分倾倒，知县李维榆“会营勘估，捐廉兴修”，但不久后卸任，知县孙海观接修，于当年竣工。1998 年深圳市

北门广场（2017 年）

文管办曾对其进行修复。2015 年经国家文物局立项批复，深圳市立项大鹏所城整体保护项目二期工程，再次对其进行修复。

所城布局 大鹏所城在选址上体现了中国古代典型的自然观，其风水格局是中国古代堪舆学说应用于城市规划中的典型案例。其背靠排牙山，东挽龙头山，南面龙岐湾，西牵蜈蚣岭，远眺七娘山，群山拱卫，山海相依，并由此形成“山、海、城、田、河、湾”的特色景观体系，可说是集传统文化之大成，聚山海景观之形胜，是大鹏半岛旅游资源组合最佳的区域之一。

所城变迁 明初，朝廷在广东沿海设立 8 卫 28 千户所。大鹏所城是 28 千户所之一，于明洪武二十七年（1394）设立，隶东莞县南海卫。广州左卫千户张斌奉命开筑“大鹏守御千户所城”。明正统元年（1436）设大鹏仓，明万历十四年（1586）设仓大使署。

清顺治四年（1647），山寇陈耀破大鹏所城，劫掳而去。后贼首李万荣占据大鹏城并以之为根据地，对抗清军，历时 10 年。清顺治十三年，李万荣被总兵黄应杰招降。李万荣投降后，新安县知县傅尔植奏请改设“大鹏所防守营”。

清康熙七年（1668），清朝廷实行“迁界禁海”，大鹏所防守营被并入惠州协，受惠州协副将管辖，时该营官兵 400 名。其时，大鹏汛地设墩台 8 座：盐田墩台，设千总 1 员，兵 25 名；鸦梅山墩台、东坑墩台及西山墩台，各兵 15 名；深圳、五通岭、大梅沙、小梅沙 4 墩台，每台设兵 10 名。清康熙十年八月二十一日，飓风袭击大鹏所城，4 座城楼和城角窝铺 4 间、垛子 58 个倒塌，知县李可成、大鹏营守备马玉成等捐银修复。清康熙二十年，再对大鹏所城进行修葺。清康熙四十三年，朝廷为增强沿海防卫计，题定营制，将大鹏所防守营提升为大鹏水师营。清雍正元年（1723）设立新安县丞，驻大鹏所城。清雍正四年，裁大鹏所游击，改设参将 1 员，添设外委千、把总 7 员，隶广东水陆提标统辖。清嘉庆十五年（1810），大鹏水师营改归虎门水师提督管辖，为外海水师营，驻防新安大鹏所。设参将 1 员，中军守备 1 员，额设左、右哨千总 2 员，左、右哨把总 4 员，外委千、把总 7 员，俱驻大鹏所，兵额 800 名。清嘉庆十七年，大鹏所城东南西北 4 座城楼及城墙马道垛子，因日久倾圮，知县李维榆“会营勘估，捐廉兴修”。清嘉庆十九年，大鹏所城修葺竣工。清道光十一年（1831），由于大鹏营所辖之洋面宽广，难于防卫，遂分设左右二营。清道光二十年，因鸦片走私盛行及英国兵船威胁日大，林则徐奏请将大鹏营改升为大鹏协，并增加兵力防守。清道光二十三年，赖恩爵任广东省水师军务提督，封“振威将军”，御赐七龙二爪蟒袍朝服一件，准赖恩爵在大鹏所城内修筑将军府，并御题“振威将军第”。清道光二十七年，九龙城竣工，大鹏协副将移驻九龙城内衙门，辖左右二营，仍隶水师提督统辖。清咸丰十年（1860），九龙地区转归英租属，大鹏协所辖部分汛台在英租界内，故被废置。清光绪二十四年（1898），中英《展拓香港界址专条》签订，英国人租借新界及离岛地区，大鹏协所辖汛台全在英租界内，故被裁撤。九龙城在展界范围内，但仍属中国领土，驻有军队。清光绪二十五年，九龙寨城内之清朝官员被英军驱逐，大鹏协两营遂被裁，大鹏所城从此失去军事价值。

香港油麻地天主教小学学生参观中英海域权属界碑（2015 年）

1938 年 10 月，日军在大鹏湾登陆，侵占大鹏所城。1939

年 5 月，国民党第四战区第三游击纵队新编大队收复大鹏所城。

2001 年 6 月，大鹏所城被中华人民共和国国务院列为全国重点文物保护单位

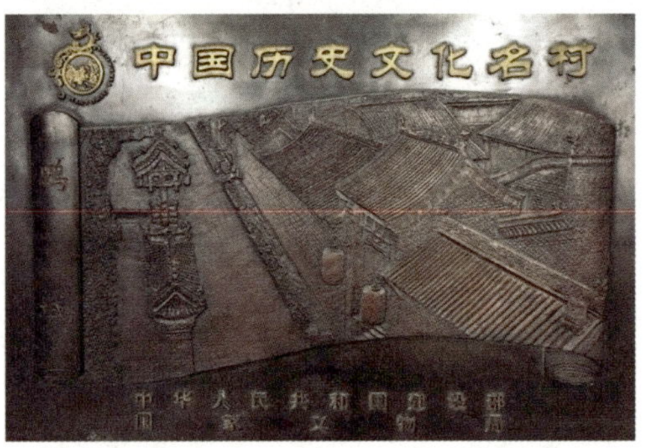

2003 年 10 月，鹏城村被中华人民共和国建设部、国家文物局评定为首批中国历史文化名村

1958 年 10 月，大鹏乡与葵沙乡合并为大鹏人民公社，社址设在大鹏所城内。“文化大革命”时期，大鹏所城多座衙署、庙宇及城墙等被破坏。1988 年 7 月，大鹏所城被深圳市人民政府公布为第三批深圳市级文物保护单位。1989 年 6 月，大鹏所城被广东省人民政府公布为第三批广东省级文物保护单位。1995 年，中共深圳市委将大鹏所城公布为爱国主义教育基地。1996 年，成立大鹏古城博物馆，对大鹏所城进行科学保护和管理。2001 年 6 月，大鹏所城被国务院公布为全国重点文物保护单位。2003 年 10 月，大鹏所城所在的鹏城村被建设部和国家文物局公布为首批中国历史文化名村。2004 年 6 月 28 日，大鹏所城被深圳市旅游局公布为“深圳八景”之一。2005 年，深圳市政府决定按照“整体立项、分步推进”的措施，对大鹏所城文物保护进行立项，立项资金达 4 亿元。同年 12 月，大鹏古城博物馆被公布为广东省爱国主义教育基地。2007 年,《全国重点文物保护单位深圳大鹏所城保护规划》获得国家文物局同意批复。2009 年，大鹏古城博物馆被国家文物局评为国家三级博物馆。2016 年 6 月 24 日，大鹏所城被深圳社科联公布为“深圳十大文化名片”之一。

◉ 古遗址

协台衙门遗址 位于大鹏所城十字街口的东北，占地面积约 1000 平方米，现存部分石基。协台衙门为大鹏所城最高指挥机构，当地百姓也称“大衙门”。清道光二十年（1840）林则徐奏请将大鹏营改为大鹏协，统率左右二营。清道光二十七年九龙城建成，大鹏协副将移驻九龙城，统辖左右二营。

协台衙门遗址（2019 年）

县丞署遗址　县丞署，又称左堂署，是类似县府衙门的军事办公场所。位于大鹏所城内，在参府署之前，大鹏粮仓南。清嘉庆《新安县志》载："县丞署，在大鹏所城。"县丞，即左堂，为正八品文官，隶属正堂（县令）管辖。明清时期，深圳地区属新安县，正堂设于南头（今南山区南头古城），县丞设在大鹏所城。明代实行卫所的屯兵制度，大鹏所城为兵农合一。清初，采取募兵制，但依然保留大鹏守御所，设官千总，专理屯科，不再参加征战。募民对官田进行耕种，所得作为军需粮草。清雍正元年（1723），裁守御所千总，设立新安县丞，驻大鹏所城，协助新安县令分管新安县东部近百村庄，兼管大鹏营军粮。县丞署在"文化大革命"时期被拆除。现遗址尚存几座雕塑、左堂古井等。

大鹏所城（2012 年）

参将署遗址（2019 年）

大鹏仓大使署遗址（2016 年）

参将署遗址 参将署于清雍正三年（1725）建，位于大鹏所城正街 2 号，坐北朝南，通面阔 10 米，通进深 13.4 米，花岗岩条石墙裙，夯土墙体，内凹肚，双开木质实榻大门。其平面形状为纵向矩形，一进一天井，自前向后依次为堂屋、厢房及天井，为砖、木混合结构。现为两层建筑，硬山顶，小式飞带垂脊，灰色堆瓦。由于建筑改修，建筑东部稍间瓦口为扇形锁口，明间与西稍间瓦口为猪嘴筒锁口。室内两层，格局低矮，以木梯相通，地方狭小。明间与西稍间也为两层建筑，明间一楼为厅堂，后部以现代画装饰，后墙设有门。现存建筑为民国年间修复的民宅，作为商铺，保存较好。2014 年，被公布为第一批大鹏新区不可移动文物。

大鹏仓大使署遗址 大鹏所城作为军事要塞，自建堡以后均设有屯放军粮的粮仓，并设有专员管理。清嘉庆《新安县志》载：“大鹏仓大使署，在大鹏所城内，与永盈大使同设，崇祯十五年裁汰，久废。”大鹏仓，位于所城内凤凰广场南侧，由一排造型独特的古建筑组成，明正统元年（1436）设，明万历十四年（1586）建仓廒一座，设仓大使署于城内；清康熙八年（1669）建屯仓两间；清雍正十年增建 6 间，续建 3 间。现大鹏粮仓为 20 世纪 50 年代末期大鹏人民公社在原址上扩建而成。粮仓一半修建成商铺，一半辟为博物馆，有独木舟博物馆、古代兵器展、建筑艺术展、非遗民俗展、书画摄影展等供游客参观。2005 年，大鹏古城博物馆利用大鹏粮仓布置大鹏民俗风情展览，介绍独特的大鹏民俗风情。

古代兵器展厅

建筑艺术展厅

◉ 将军第

大鹏所城较完整地保存了明清两代的将军府第。它们外观宏伟、各具特色，在外观造型、营造手法、选材用料、色彩搭配以及装饰风格上兼有中原北方特点和浓厚的岭南地方特色。

刘起龙将军第 位于大鹏所城南门街 35 号，建于清代，坐北朝南，东墙长 18 米，西墙长 30 米，东西宽 31 米。平面布局呈不规则梯形，为侧门内进结构，三进三座，前有长庭和哨楼，内有一口水井，北边由三座二进一天井六廊房合院式建筑组成，南边有一组三合院带后花园，墙面有枪眼。其建筑细部雕饰精美，青麻石墙基，青砖墙，阶砖地，石柱础，木梁架等。门口保存有一对抱鼓石，门首横额石匾“将军第”。2008 年，深圳市大鹏所城整体保护项目一期工程对其进行修缮。

刘起龙将军第（2016 年）

赖世超将军第（2016 年）

赖世超将军第　位于大鹏所城赖府巷 16 号，建于清代，坐东朝西，面宽 11 米，进深 12.5 米，平面布局为三开三进两天井，砖木结构，堆瓦屋面，硬山顶，瓦当面上有精美图案，灰塑博古脊，府第式建筑。正门门额上原挂有“将军第”牌匾，两侧“武艺超群须急运，功求不露显灵通”的木制对联，现已不存。2008 年，深圳市大鹏所城整体保护项目一期工程对其修缮。

赖英扬将军第　位于大鹏所城正街 6 号，建于清代，坐北朝南，面宽 7.8 米，进深 12.4 米。主体为砖木结构，平面布局为两开间二进一天井，正门上有“振威将军第”樟木匾，内有屏风，中厅前墙为木隔扇。2008 年，深圳市大鹏所城整体保护项目一期工程对其进行修缮。

赖英扬将军第（2017 年）

赖英扬将军第内部（2017 年）

赖恩爵将军第（2016 年）

赖恩爵将军第内部（2016 年）

赖恩爵振威将军第　位于大鹏所城赖府巷 15 号，建于清代，占地面积 2500 平方米，硬山顶，博古脊。平面布局分东西两座，东座为三进两天井结构，西座为五进四天井结构，有数十栋屋宇、厅、房、井、廊、院等，堆瓦屋面，其中大厅厢房 40 余间。整座将军第坐北朝南，门口保存有一对抱鼓石，门首横额石匾“振威将军第”为清道光御笔亲题。外围有 3 米多的高墙。2015 年，经国家文物局立项批复，深圳市大鹏所城整体保护项目二期工程对其进行修缮。

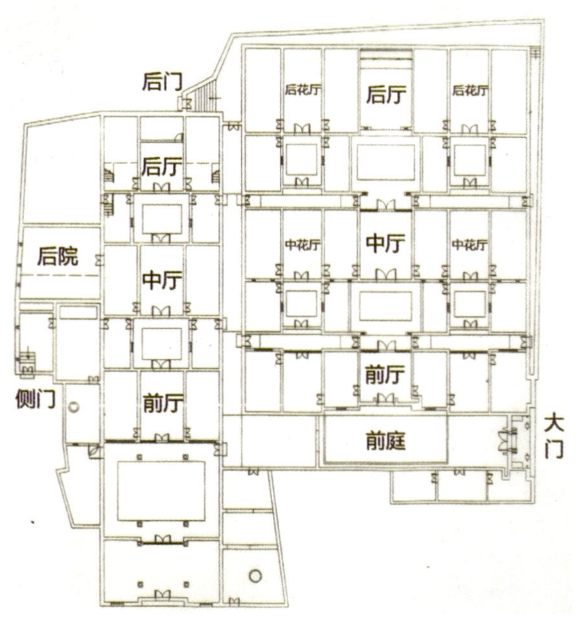

赖恩爵将军第平面图

林仕英大夫第（2016 年）

林仕英大夫第 位于大鹏所城戴屋巷 13 号，建于清乾隆年间，坐北朝南，面宽 6.3 米，进深 18.6 米，平面布局为二开间二进一天井，侧门内进，砖木结构。门首横额木匾刻有“大夫第”，内有一块清光绪年间的木匾，上刻“贡元”。条石基，青砖墙，木构架，堆瓦顶。2008 年，深圳市大鹏所城整体保护项目一期工程对其修缮。

“元贡”木匾（2016 年）

西门赖氏将军第 位于大鹏所城十字街 40 号，建于清代，坐北朝南，面宽 13.9 米，进深 16.7 米，平面布局为两进三开间，中设天井，清水砖墙，硬山顶，门口保存有一对抱鼓石，门首横额匾“将军第”。2008 年，深圳市大鹏所城整体保护项目一期工程对其后堂进行修缮。

何文朴将军第 位于大鹏所城东门街 14 号，建于清光绪年间，坐北朝南，面宽 10.2 米，进深 12 米，平面布局为三开间二进一天井，砖木结构。条石基，青砖墙，木构架，堆瓦顶。2008 年，深圳市大鹏所城整体保护项目一期工程对其进行修缮。

西门赖氏将军第（2015 年）

何文朴将军第（2015 年）

赖恩锡将军第　位于大鹏所城南门街 8 号，建于清代中期，坐东朝西，面宽 12.5 米，进深 10 米，平面布局为三开间二进，砖木结构，堆瓦屋面，硬山顶。正门檐口雕花檐板，门廊檐壁有简单壁画。2008 年，深圳市大鹏所城整体保护项目一期工程对其后堂修缮。

赖信扬将军第　位于大鹏所城赖府巷 12 号，建于清代中期，坐东朝西，面宽 12 米，进深 19 米，平面布局为三开间三进两天井，砖木结构，堆瓦屋面，硬山顶。前堂作为

赖恩锡将军第（2017 年）

赖信扬将军第（2015 年）

郑氏司马第（2015 年）

民宅业主自用，除后堂外基本被拆改，整体风貌遭破坏。2006 年，深圳市大鹏所城整体保护项目一期工程对其后堂修缮。2015 年，经国家文物局立项批复，深圳市大鹏所城整体保护项目二期工程对其余部分进行修缮。

郑氏司马第　位于大鹏所城正街 8 号，为清代晚期郑才利所建，坐北朝南，面宽 7.1 米，进深 19.3 米，砖木结构，平面布局分左右两部分，左边为一层瓦坡屋顶，三开间，两进一天井，右边为一开间，两进一天井。条石基，青砖墙，堆瓦顶。2008 年，深圳市大鹏所城整体保护项目一期工程对其修缮。

赖绍贤将军第　位于大鹏所城将军第巷 1 号，建于清道光年间，坐东朝西，面宽 30 米，进深 20 米，平面布局为三路九开间结构，每路均为两进一天井，砖木结构，清水砖墙，堆瓦屋面，硬山顶。檐板、梁枋、墙壁上金木雕刻和绘制花鸟书法等构件和装饰保存基本完整。2008 年，深圳市大鹏所城整体保护项目一期工程对其后堂修缮。

赖绍贤将军第（2015 年）

李氏将军第 位于大鹏所城东城巷 7 号，建于清代，坐北朝南，面宽 7.3 米，进深 19.4 米，平面布局为三开间两进一天井，侧门内进，砖木结构。条石基，青砖墙，木构架，堆瓦顶。门首原挂有“将军第”牌匾，已无存。2008 年，深圳市大鹏所城整体保护项目一期工程对其修缮。

李氏将军第（2015 年）

古色古香的街道（2019 年）

◉ 古民居

建筑风格　大鹏所城作为沿海的海防重镇，不仅有众多的城防建筑，而且村落的民居建筑自建城起就已成为其不可割裂的一部分，与城防建筑有机结合在一起，形成大鹏所城特有的海防建筑体系和建筑文化。大鹏所城街巷蜿蜒通幽，以十字街为中心，路路相通。多座明清风格的民居保存完好，鳞次栉比，或小门小窗小院，青瓦盖顶；或大门大厅大堂，雕梁画柱……虽历经数百年风雨，却风格如故，精致依然。据统计，大鹏所城的古民居有 700 处左右，多为清中晚期建造，总面积近 10 万平方米，是广东省保护较完整的古民居建筑群。

因深圳地处广府、客家、潮汕三大民系的交会点，其独特的地理位置造就了大鹏民居兼容并蓄的建筑风格。大鹏所城民居建筑的营建手法在外观造型、营造手法、选材用料、色彩搭配以及装饰风格上都有浓厚的岭南地域特色，兼具广府、客家、潮汕三大民系的民居的综合特点，不仅构成所城的整体建筑风貌，更代表了当时广东地区

“飞带”元素山墙（2019 年）

“堆瓦”盖顶（2019 年）

的建筑水平和风格，集中了岭南地区民居建筑艺术的精华。大鹏所城全城皆以客家“堆瓦”盖顶，而房屋顶式则融入广府建筑“飞带”的元素，屋顶侧面有如利刃插向空中。个别民居则用了潮汕的“水形山墙”。20 世纪 80 年代后，一些反映明清时代背景的电影电视常以此地为外景拍摄。如今大鹏古城的原居民大都已经移居城外，村里的民宅大部分作为出租屋出租，一部分被开发为客栈、小商店。

烟雨长巷（2017年）

大鹏所城人稠地狭，民居布局紧凑密集，注重遮阳通风，从整体来看，受所城内地域所限，通常都是面阔远远小于进深，单间面阔2～4米。为防止台风的损害和空气中盐碱的侵蚀，基本所有的小型民居皆采用墙体承重的硬山搭檩的建筑形式，并且都用贝灰抹墙以防腐蚀。此外，为解决人多房少的问题，大多数民居都会在内部隔出一层来。受当地气候影响，民居建筑外墙的下碱（墙裙）皆是用规整的条石或石块砌筑而成，石材多选用质地坚硬、耐雨淋日晒、可防潮的花岗岩。上身用水磨青砖砌筑，多为淌白十字缝，并多以贝壳灰代替石灰，用贝壳泥、糯米浆加糖水等材料涂抹外墙面，目的是防海风的侵蚀，由此也形成了鲜明的地方特色。因各家财力不同，也有一些民居采用土坯墙，一般用贝壳灰、稻草灰、糯米汁、红糖、砂、黄泥等材料混合后夯实筑成，这样的墙体非常结实牢固，可以经上百年而不倒塌。因南方气候湿热，当地居民在最大限度地保障住所安全的情况下，为解决室内通风透气的问题，多对外不开窗，而在后墙上开窗口很小的高窗。若建筑较高，为了满足采光、换气的需要，则在墙面上开两层小窗。外窗窗框的材料多采用砖或石做成，一般不设雕饰。窗的形状多样，有圆有方。木材的品种主要为松、樟、杉等。

建筑形式主要包括庭院式民居建筑、传统单体民居建筑和杂式民居建筑。

庭院式民居建筑是当时比较富裕或有一定社会背景的家庭独资兴建的，规模较大。其基本形制与北方的四合院一样，皆以天井（或院落）为核心，外封内散，秩序井然。天井（或四合院）数量的多寡，反映了民居的规模及屋主的经济实力和社会地位。在民居的选址和建造过程中，既深受中原传统建筑理念和模式的影响，又受岭南地理环境、建筑材料、手工工艺等的制约。建筑选址、住宅布局、朝向、大门位置、建筑的面阔、进深、高度等不仅讲究风水，注重礼法，也考虑适应气候、用地条件。既视功能需要，也依托地形，依势而定，灵活布置，这一特点在庭院式民居中表现得尤为突出。

正脊上的泥塑（2016 年）

庭院式民居并非规则形布局，一般都是局部扭转，前后轴线偏离一定的角度，丰富了住宅的建筑空间。就平面布局而言，大鹏所城庭院式民居基本呈“口”字形。前面临街道或为前厅，或直接进入天井院，后面是正厅。有的在堂屋后再加一个天井，后天井之后也有房屋，布局就成了“日”字形。这些庭院式民居再大些的既有纵向的发展，也有横向的延伸。其中正房通常比较高大，可达 4 ~ 5 米，其明间多为活动空间，两侧一般为用楼板隔开的两层居室。与正房相对的倒座房（即南房）高低不同则

庭院式民居内部（2016 年）

木质龛位（2016 年）

彩色壁画（2019 年）

视其主人的地位而定，但不会超过正房的高度，且多为一层。倒座房的明间多为门厅，两侧为居室。而厢房又低很多，多在 2 ~ 3 米，多无山墙，檩搭在正房和倒座房的檩墙上，单坡、双坡皆有，多为厨房、洗漱之处，不作为居室使用。屋顶基本都采用硬山顶两坡屋顶，正脊有素面、砖雕、泥塑之分，多为檩上直接铺瓦的干搓瓦做法。山墙设计基本都采用加檩条的硬山搁檩做法且密檩排列，起到防盗作用。楼板、楼梯及栏杆均为木质。由于深圳市属亚热带季风气候区，夏季高温多雨，因此建筑的木构件与北方做法不同，不做地仗，基本为原木或刷遍桐油。庭院式民居在大门及两侧檐下，白墙之上有 0.4 ~ 0.5 米宽的带状彩画，以黑白为主略带色彩。正房明间后部基本均有木质龛位，分上下两层，下层高 1.5 米左右，为储物空间，两层成凹字形，中间为祭祀之用。正房的次间同单体式民居一样，设置有一层楼板、楼梯和栏杆，上层为居住之用，下层为起居活动之用。

传统单体民居建筑是当时社会中下层居民所建的住所。这类民居建筑结构较为简单，用材较为随意，装饰较为朴素。功能分区也非常简单，正房比较高大，可达 4 ~ 5 米，多数用楼板隔成两层，上层为居住空间，下层前部为活动空间，后部为储藏空间。

杂式民居建筑是不同时期的传统建筑与现代建筑的复合体，一般表现为两层小楼，这类建筑在所城中所占比例最大，其内部功能分区大多与传统单体民居建筑相似，但空间更大。

单体式民居（2018 年）

杂式民居（2018 年）

长巷 9 号王氏民宅 位于大鹏所城长巷中段，建于清代晚期，坐北朝南偏东 24°，通面阔 5.8 米，通进深 20.2 米。平面形状为纵向矩形，两开间，二进二天井，由门廊、耳房、前天井、前堂、厢房、后天井、后堂组成，为内凹肚斗廊院，砖木结构，硬山顶，堆瓦屋面，灰砂猪嘴筒剪边，正脊为清水脊，垂脊为飞带脊。该民居于民国时期及新中国成立后多次修缮，基本保持清代原状。2014 年，被公布为第一批大鹏新区不可移动文物。

梁氏民宅 位于大鹏所城红花巷 13 号，建于清代晚期，坐北朝南偏东 28°，通面阔 10 米，通进深 19 米。平面形状为纵向矩形，两堂、两进三开间两天井布局，为内凹肚斗廊院。砖木结构，硬山顶，堆瓦屋面。该民居于民国时期及新中国成立后多次修缮，其中前堂民宅平面布局仍然保持为清代原状，后堂则已坍塌，残存部分残垣。2014 年，被公布为第一批大鹏新区不可移动文物。

李氏民宅 位于大鹏所城刘屋巷 5 号，建于清代晚期，坐北朝南偏东 25°，通面阔 8.6 米，通进深 23.2 米。平面形状为纵向矩形，为三开间三堂两天井内凹肚院布局。砖木结构，硬山顶，堆瓦屋面。2014 年，被公布为第一批大鹏新区不可移动文物。

食烟巷李氏民宅 位于大鹏所城食烟巷 12 号，建于清代晚期，坐东朝西偏南 16°，通面阔 10.2 米，通进深 10.4 米。平面形状为正方形，为三开间一进一天井布局，砖木结构，为硬山内凹肚斗廊院。2014 年，被公布为第一批大鹏新区不可移动文物。

长巷 9 号王氏民宅（2016 年）

戴屋巷戴氏民宅（2016 年）

戴屋巷 7 号民宅 位于大鹏所城戴屋巷右侧，背靠北城墙东段。建于清代晚期，坐北朝南偏西 26°，通面阔 6.5 米，通进深 16.5 米。平面形状为纵向矩形，两开间，由门廊、前天井、前厢房、前堂、后天井、后厢房、后堂组成，为尖头内凹肚斗廊院形制，砖木结构，硬山顶，堆瓦屋面。2014 年，被公布为第一批大鹏新区不可移动文物。

戴屋巷戴氏民宅 位于大鹏所城戴屋巷 11 号。建于清代晚期，坐北朝南偏西 27°，通面阔 10.2 米，通进深 10 米。平面形状为纵向矩形，由门廊、天井、左右厢房、后堂组成，为尖头内凹肚斗廊院形制，砖木结构，硬山顶，堆瓦屋面。2014 年，被公布为第一批大鹏新区不可移动文物。

李屋巷黄氏民宅 位于大鹏所城李屋巷 16 号民宅，建于清代晚期，坐北朝南偏西 23°，通面阔 10.2 米，通进深 6.5 米。平面形状为纵向矩形，为三开间两堂一天井布局，砖木结构，硬山顶，堆瓦屋面。该民居于民国时期及新中国成立后多次修缮，于 20 世纪 70 年代改建为两层砖木结构的瓦房，现仅右山墙及后檐墙为原墙体。2014 年，被公布为第一批大鹏新区不可移动文物。

十字街赖氏民宅 位于大鹏所城十字街 25 号，建于清代晚期，坐东朝西偏南 22°，通面阔 9 米，通进深 13.2 米。平面布局为侧入式连列斗廊院，前部为门廊、天井和厢房，后部为三开间的堂屋。砖木结构，硬山顶，堆瓦屋面。2014 年，被公布为第一批大鹏新区不可移动文物。

十字街蔡氏民宅 位于大鹏所城十字街25号西，建于清代晚期，坐东朝西偏南22°，通面阔8.1米，通进深9.7米。平面布局为侧入式连列斗廊院，前部为门廊、天井和厢房，后部为三开间的堂屋。砖木结构，硬山顶，堆瓦屋面。2014年，被公布为第一批大鹏新区不可移动文物。

东门巷2号民宅 临近大鹏所城东门楼，建于清代晚期，坐北朝南偏东10°，最长面阔9.8米，最长进深18.1米。平面呈纵向矩形，是前带庭院的一堂、两厢房一进式建筑，平面由门楼、前院、主屋3部分组成。砖木结构，硬山顶，堆瓦屋面，灰砂猪嘴筒剪边。

十字街陆氏民宅 位于大鹏所城十字街2号，建于清代晚期，坐北朝南偏东30°。通面阔5.7米，通进深9.1米。总平面形状近似横向矩形，为内凹肚排屋。两开间、一厅堂、一厢房、一正房式布局。砖木结构，硬山顶，堆瓦屋面。2014年，被公布为第一批大鹏新区不可移动文物。

十字街苏氏民宅 位于大鹏所城十字街3号，建于清代晚期，坐北朝南偏东30°。通面阔6米，通进深9.1米。总平面形状近似横向矩形，为内凹肚排屋。两开间、一厅堂、一厢房、一正房式布局。砖木结构，硬山顶，堆瓦屋面。2014年，被公布为第一批大鹏新区不可移动文物。

南门街严氏民宅 位于大鹏所城南门街36号，建于清代晚期，坐东朝西偏南31°。通面阔4.1米，通进深8.8米。前部为门廊、天井组成，后部为单开间堂屋。砖木结构，

南门街严氏民宅正厅（2019年）

南门街严氏民宅祖堂（2019年）

为内凹肚小楼与锁头屋组合排屋。该民居于民国时期及新中国成立后多次维修，基本保持原平面布局和形制结构。2014 年，被公布为第一批大鹏新区不可移动文物。

◉ 古寺庙

天后宫 位于大鹏所城正街，始建于明永乐年间，历代多次修葺，是祭祀海上保护神天后林默娘的庙宇。600 多年来天后宫香火一直鼎盛，每年的农历三月二十三为妈祖诞，及每隔5年举办一次“打醮”活动，拜祭者众多。据记载，凡渔民出海或海军出师，必先来天后宫进香，以大礼祷神庇佑。相传清代名将刘起龙和赖恩爵以及大鹏营的参将、守备、千总等军官常到天后宫拜祭。“文化大革命”期间，天后宫被夷为平地，仅存一块“天后宫”石匾和一对宫联条石。

1990 年鹏城村民及香港同胞、海外华侨集资于原址重建天后宫。重建的天后宫位于高台之上，有 13 级台阶拾级而上。按原坐北朝南的方位，平面布局为三开两进，面宽 12 米，进深 23.3 米，正立面有前檐廊，廊前置石制栏杆，墙面、墙体通贴瓷片，左右次间开圆窗。正门上挂红匾，上镌刻“天后宫”3 个斗大的漆金体行书，门两侧长条花岗石上刻有一副对联：万国仰神灵波平粤海，千秋绵俎豆泽溯莆田。室内布局为走廊两侧立花岗岩圆柱，高盈丈，径近尺，精雕细琢。地面马赛克铺地，中厅起高做成高平顶。硬山绿色

天后宫（2015 年）

天后宫内部（2019 年）

琉璃瓦顶，屋脊正中雕双龙戏珠图案，正脊嵌瓷，题材为双龙戏珠、山、水等。建筑结构为梁架结构，做法采用抬梁式木构架形式，脊柱直接承在七架梁上，其余梁檩之间由瓜柱承接，但除最上面一架梁外，其余梁架均直接插入山墙内。梁架之下是粗大的石圆柱，圆柱直接承受梁架之上重量，形成梁架－柱－基础逐层受力体系。装饰装修普遍使用石雕，主要集中在门框、门槛、柱、基础、栏杆、台阶等地方，既防雨又防潮。材料多用花岗岩，这一方面与当地盛产这种石料有关，另一方面就因其质硬耐风雨。室内金柱也用石造，柱脚附有石质柱础，式样较丰富。嵌瓷主要为防止海风侵蚀，其主要的粘结材料是贝灰泥、糯米汁、红糖水等，题材方面多选择龙、凤等各种动物或人物、自然图案等。嵌瓷工艺在天后宫上应用较多，如脊上的双龙戏珠图案、室内中厅下部的山水图案等。彩绘主要在梁架下布施，题材倾向于花、草、山、水等自然图案。漏窗花墙在庙内得到充分运用，主要起通风、采光作用，同时也增加艺术氛围，漏窗图案较简单，为几何纹。天后宫承载着“大鹏追念英烈习俗”每隔 5 年举办一次的“打醮”活动。

谭公庙 位于大亚湾海边，始建于明末，清代重修。城东谭公庙重修于清光绪七年（1881），两侧有高 1.9 米、宽 0.4 米、厚 0.1 米的石刻对联，阴刻行书“迹著龙峰昭万古，恩流鹏海播千秋”。据传，谭公为明代大鹏所城人。明隆庆五年（1571）倭寇夜袭大鹏所城，时城中村民正在梦中，幸谭公外出发现敌情并立即报警。经过 40 余日艰苦卓绝的战斗，城内兵民终于打退倭寇，但谭公不幸牺牲。为纪念谭公恩德，城中百姓立庙祭

谭公庙（2017 年）

祀。此后，谭公成为鹏城百姓求雨祈年的神灵。

侯王古庙 位于大鹏所城赖府巷北侧东城巷 1 号，是一处清军事卫所中拜祭晏公和张良的独特文化传统建筑（原为拜祭晏公的庙宇，清末改为祭祀汉代良将张良）。始建年代不详，清代曾重修。坐北朝南，面宽 9.2 米，进深 17.6 米，原为二进一天井三开间两过廊的庙宇式建筑。庙门的花岗岩石对联尚完整，上阴刻楷书“灭项兴刘多妙计，庇民护国著奇功”，门前有一“侯王古庙”花岗岩石匾，四边雕忍冬花纹，上行正中有一金

侯王古庙（2016 年）

钱眼。建筑特征为条石基，硬山顶，堆瓦屋面。现已濒危，但基础格局保存完好。2015年，经国家文物局立项批复，深圳市大鹏所城整体保护项目二期工程对其进行修缮。

侯王古庙现为两层楼阁式建筑，面阔3间，坐北朝南，大门居中，并做成凹斗门式，这是南方适应防雨、防晒而采用的一种大门形式。下层左右次间开方窗，两层明间开两窗，次间各一。墙体下部由青麻石砌筑4层，上用青砖砌筑。外墙面使用贝灰混合石灰作为涂料，常年积淀后，产生化学变化，墙面呈现出特殊的纹理。古庙的梁架结构属于抬梁式，梁架上檩条排列较密，瓦片直接置其上，由三角桁架结构承担屋面重量。为了改善室内的采光条件，屋面沟瓦用明瓦代替。

东山寺　始建于明洪武二十七年（1394）。据清康熙《新安县志》记载：“东山寺，在大鹏所城东门外山岭。中为观音堂，左上帝殿，右文昌阁，前三宝殿。”东山古寺于清咸丰四年（1854）重修。第一进门前有13级石阶，里面有天井、玄坛、关公塑像、垂地大钟等；第二进大雄宝殿，供奉三宝佛和十八罗汉塑像。左为上帝殿，右为文昌阁及钟鼓楼；第三进观音堂，堂上月台供奉观音等五座神像。

20世纪50年代，东山古寺遭到毁灭性的破坏。大钟、塑像和一大批文物均被砸碎、

东山寺大山门（2016年）

焚毁，琉璃瓦、匾额、墙基和阶石被拆往他处，仅存一座牌坊、一座石塔，两根吊钟的石柱。东山寺一度变为废墟。

1992 年，当地村民及华侨自发捐款 100 多万元，重修东山寺。重修后的东山寺为混凝土结构建筑，清水石外墙，黄色琉璃瓦屋檐，依山势从低到高分成四进，前后进之间有天井隔开。第一进为前门，门前有 11 级台阶。第二进为关帝殿，中间有关帝神像一尊。第三进为大雄宝殿，设有三宝佛和十八罗汉，十八罗汉或坐或作“降龙伏虎”状，右设有医灵殿。第四进为观音堂等阁。同时增建一个黄大仙殿。此次重修，寺院墙壁镶嵌福建彩画 180 幅，寺外新建凉亭、水榭、假山、石龟和花苑，寺的周围新种上桃、李、枇杷、沙田柚、龙眼、荔枝等果树。

2004 年 3 月 15 日，韶关南华禅寺方丈传正大和尚接管东山寺。5 月 14 日，东山寺举行深圳市鹏城东山寺移交管理仪式，正式开放、扩建和管理。

2006 年 8 月 14 日，东山寺被深圳市民族宗教事务局批准为正式佛教活动场所，获得宗教活动场所登记证，正式定名为深圳市鹏城东山寺。2007 年 10 月 8 日，传正大和尚委派法清法师任东山寺监院，接管东山寺，整改寺院寺规，规划重建。在当地信众及各级领导支持下，东山寺于 2009 年开始重建。

2009 年 9 月 29 日，东山寺天王宝殿上梁祈福法会举行。2010 年 8 月 29 日至 31 日，东山寺拆除旧寺危房。2012 年 6 月 24 日，东山寺举行东山寺落成开光暨传正大和尚升座庆典。重建后的东山寺分四进，即以大山门、天王殿、大雄宝殿、藏经楼为中轴心。两旁为伽蓝殿、祖师殿、功德堂和福寿堂，并配以钟楼、鼓楼、僧舍、客房、客堂、斋堂、禅堂和六祖讲堂。2012 年 12 月 17 日，东山寺传统文化教育中心正式成立。

◉ 古祠堂

鹏城人家族观念浓厚，凡有能力者，一定会修建祠堂。祠堂有多种用途，主要用于祭祀祖先，也作为各房子孙办理婚、丧、寿、喜等事的场所。截至 2018 年年底，鹏城社区宗祠分布如下：大鹏所城内有戴氏宗祠、樊氏宗祠、李氏宗祠、苏氏宗祠、罗氏宗祠；较场尾内有余氏宗祠、王氏宗祠；四合村内有钟氏宗祠、李氏宗祠、杨氏宗祠、叶氏宗祠、王氏宗祠；乌涌村内有毕氏宗祠（2 座）、谢氏宗祠、黄氏宗祠、郑氏宗祠（2 座）。此外在大鹏所城有赵公祠。

钟氏宗祠（2016 年）

罗氏宗祠（2018 年）

钟氏宗祠 位于田心村内，始建于清嘉庆至清道光年间。占地面积约 130 平方米，为三进两天井格局，硬山灰瓦顶。下堂正门上有“钟氏宗祠”石碑，两侧有山水画，栩栩如生。中堂内有一屏风，上堂内奉有钟氏祖先神位台，墙壁上有捐建芳名表以及祖先颂词。此外该宗祠檐下有多幅精美壁画。

罗氏宗祠 位于大鹏所城东门巷内，建于民国时期。坐北朝南，面阔 6.8 米，进深 9 米。两开间两进，砖木结构，尖山式灰瓦顶。原为民居，后改为宗祠。门前铺设青砖地面，门檐壁画清晰，门额上书“罗氏宗祠”，内门额上书“吉祥如意”。2015 年，被公布为第二批大鹏新区不可移动文物。

赵公祠 位于大鹏所城十字街，是一座清代早期的衙署式建筑，后将其改造成祠堂。现存建筑为民国时期重修。整座建筑坐北朝南，面宽约 17 米，进深约 28 米。平面布局为三开间两进一天井结构，前有前庭。建筑特征为条石基，青砖墙，木构架，灰瓦面，硬山顶。船形正脊，脊饰风化严重，多处破损，两边大式飞带垂脊花纹也严重风化，模糊不清，东北角垂脊在五分之二处以下破损无存。屋顶灰色堆瓦，猪嘴筒锁瓦口，花岗岩条石墙裙，青砖错缝平砌墙体。木悬臂梁挑檐，檐下木质雕花封檐板大部分残破，部分花纹图案尚可辨清。前门全部被砖封堵，在祠堂东山墙开一门，以供出入。 两根前檐柱及柱础仍在，但现在都被砌在墙内，柱础露出部分仍可看清。前檐柱与金柱之间的木梁仍然存在，但 4 根金柱已被砖墙垛替代。上架

赵公祠（2017 年）

赵公祠外景（2017 年）

4 根花岗岩丁头拱形悬臂梁，两根直梁飞跨其上。2008 年，深圳市大鹏所城整体保护项目一期工程对其进行修缮。2012 年，鹏城社区将鹏城赵公祠利用成“百家祠”，供游客参观。

◉ 古井

城隍古井 位于城隍庙后，始挖于明代晚期，清中期废弃。2010 年深圳市考古鉴定所发现并清理，出土一顶明代凤冠及其他瓷器、金银器等 40 余件。

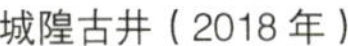
城隍古井（2018 年）

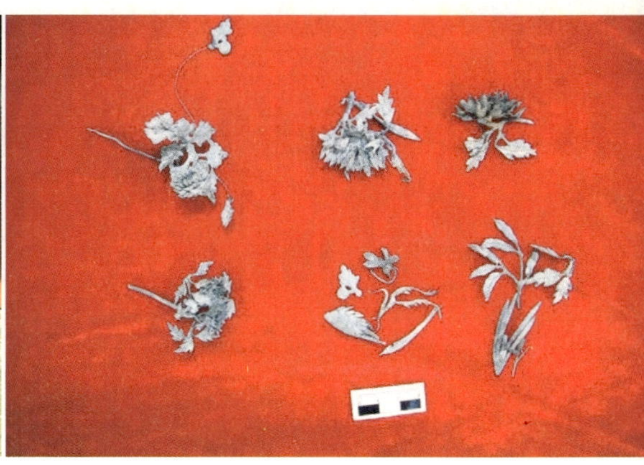

城隍古井出土的凤冠碎片

左堂古井（2018 年）

高井（2019 年）

红花井（2016 年）

左堂古井　位于大鹏所城左堂署内，口径 1.3 米。掘于清中晚期。

高井　位于大鹏所城内东北角、大鹏粮仓东北侧，口径 1.5 米，由明代城墙砖砌筑而成，盖以石板，全年有水。井口呈方形，内长、宽均为 0.7 米，深 8.6 米，井壁用城墙砖砌就。底部为圆形，径长 0.93 米，用石板铺成。

红花井　位于大鹏所城红花巷，常年不干，水带咸味。井台 2 米见方，用灰砂砌就。井栏由一整块的花岗岩石凿成，上圆下方。口径 0.45 米，深 3.4 米，井壁用花岗岩石块砌成。

◉ 古桥

官坑桥　位于大鹏所城北九顿山南麓的小溪之上。据清嘉庆《新安县志》载："官坑桥，在大鹏城北，通广惠冲衢，乾隆三十六年邑庠李福建。"因小溪冬天常常无水，当地人称之为"旱坑"，又称"官坑"。桥为单孔石板桥，小溪两岸各置高丈许桥墩一个。桥面由 4 条丈许的花岗岩石条架成。桥为东西走向，建于清乾隆三十六年（1771），桥面长 4 米，宽 2 米，由 4 条青麻石组成，官坑桥至今保存完好。2012 年 1 月 13 日，被深圳市龙岗区人民政府公布为不可移动文物。

荣荫桥　位于较场尾，东西走向，建于清嘉庆十年（1805），桥宽约 2 米，长约 10 米，桥面分为三段，每段均架 4 条 0.33 米宽，6.66 米长的花岗岩条石，桥引、桥墩皆是花岗岩石砌成，中间有两个橄榄形、高 3.33 米的桥墩。《新安县志》记载："荣荫桥在大鹏城东，嘉庆十年建。"

登云桥 位于大鹏所城西门外大环河上，桥东西走向，清嘉庆二十二年（1817）由县丞余鸣九、守备张清亮倡建，桥宽约 5 米，长 10 米，占地面积 50 平方米，此桥由花岗条石构成，中间有一石桥墩，至今保存完好。《新安县志》载："登云桥在大鹏城西，嘉庆二十二年县丞余鸣九、守备张清亮倡建。"

福隆桥 位于大鹏所城的西北，由花岗岩石板、石块砌成。据清嘉庆《新安县志》载："福隆桥，在大鹏城西北，土名黄泥潭，嘉庆十六年监生王广勋建。"建桥时立石碑一块，上刻："福隆桥，国学王广勋，男国学嘉元、郡庠嘉猷建造。董理弟王遴贤、王日祥，侄王维坊同立。嘉庆十六年辛未岁春月吉旦。"该桥现已改建为公路。

◉ 古树

凤凰古树 位于大鹏所城粮仓北侧，树龄百年，取名于"叶如飞凰之羽，花

官坑桥（2016 年）

荣荫桥（2016 年）

登云桥（2018 年）

许愿树（2018 年）

若丹凤之冠”，为落叶乔木。该树每年开花时间在 7—10 月间，每次开花，艳丽浓郁，映照古城。逢年过节或有重大喜庆的时候，人们都会不约而同走到凤凰树下，载歌载舞。久而久之，当人们或遇灾祸或有心愿未了也会来此处焚香祷告，祈求平安。2017 年 9 月倒塌。

许愿树 位于大鹏古城东门。在九龙海战前夜，赖恩爵率全城文武百官于东门楼上设坛拜祭，在许愿树上挂满了心愿牌，祈祷战事获胜。第二天，九龙海战果然大获全胜。凯旋后，赖恩爵主持修建小庙以供神灵，这棵许愿树从此闻名乡里。多年来，这棵树吸引了无数人向其抛红绣球，在树下虔诚祈福。

◉ 古墓葬

刘起龙墓 原位于深圳市大鹏新区大坑上村，三面环山，坐北向南，清道光十一年（1831）修建。该墓南临开阔地，用花岗岩石砌筑，规模宏大。建筑分为墓道、墓堂、祭堂、享堂和墓冢 5 个部分。全长 9.8 米，享堂宽 6.2 米，祭堂宽 4 米，墓堂宽 3 米。墓顶雕凿日光云纹，上有楷书阴刻“钦赐祭葬”4 个大字。墓碑高 2.02 米，宽 1.16 米，厚 0.3 米，下为二龙戏珠图纹，碑身左右为蔓草花纹，均阳刻。墓碑内嵌青石碑高 0.6

刘起龙墓出土的鼻壶

刘起龙墓出土的烟斗

米，宽 0.45 米，楷书阴刻碑文为“皇清诰授振威将军讳起龙刘府君之墓”等字。墓前有大理石祭台，两侧有石碑。左碑楷书阴刻“古之遗爱”四个大字，清道光十一年立。该碑高 0.46 米，宽 0.47 米，花岗岩石质。右楷书阴刻清道光《御祭文》，现藏于深圳博物馆，清道光十一年立。该碑高 0.46 米，宽 0.47 米，花岗岩石质。

墓堂呈半圆形，坟前有一对抱鼓石和一对石柱础。墓道左右有对称的石坐狮、华表各一对。坐狮高 0.8 米，长 0.64 米，宽 0.35 米；华表高约 6 米，直径 0.24 米，顶部嵌有一小坐狮。墓中随葬品有眼镜、烟斗、铜镜、台玉鼻壶等。1983 年 5 月 30 日，刘起龙将军墓被深圳市人民政府公布为第一批深圳市文物保护单位。1984 年 9 月，因广东省大亚湾核电站在此修建，深圳博物馆对该墓进行挖掘，迁移到鹏城村东校场，按原貌修复。

赖恩爵墓 原位于深圳市大鹏新区王母社区黄岐塘大坑山，后迁葬王母黄岐塘。墓面平面呈“8”字形，为花岗岩石筑成的三级享堂墓。迁葬墓坐北朝南、全长 11 米，享堂宽 8 米，祭堂宽 4.4 米，墓堂宽 3.5 米，墓顶浮雕双龙戏珠，其下一块“岘山遗爱”石匾。原墓遗留一对石人和一对石马，1983 年由深圳博物馆收集。石人分别为文官和武官，其中文官高 1.95 米，宽 0.6 米，厚 0.35 米，站姿，面形方正，留有长髯，双目前视，头戴冠，身穿宽袖长袍，袍上刻海水云龙纹，右手置于腹前，左手执一笏板，下有方形底座；武官高 1.95 米，宽 0.63 米，厚 0.34 米，站立状，面形方正，留有长髯，双目前视，头戴冠，身穿甲胄，外披宽袖长袍，腰间系革带，左手握佩剑，下有方形底座。石马一对，均长 1.48 米、高 1.53 米，其一宽 0.51 米，另一宽 0.49 米。两马昂首闭嘴，双目前视，配有鞍鞯、马镫，四足直立于长方形底座上。1984 年 9 月 6 日，被深圳市人民政府公布为第二批深圳市文物保护单位。

赖太母墓 赖太母刘老夫人是赖世超将军的原配夫人，以教子有方著称。该墓位于深圳市大鹏新区大鹏所城东侧地名“石地”，建于清道光十九年（1839）。坐北朝南，墓长 9 米，墓堂宽 6 米，享堂 3.6 米，全墓用花岗岩雕凿砌筑。墓面建筑分墓道、墓堂、享堂和墓冢 4 部分，墓顶有帽，面刻皮丘，左右刻双龙，墓碑上刻壶形龛，碑顶刻屋檐，脊、檐均刻二龙戏珠纹，左右立柱均刻云龙纹柱础，为双复盖，碑高 1.52 米，宽 0.9 米，厚 0.4 米。墓堂左右有抱鼓石、石鼓、石柱、石坐狮各一对。墓道两侧有石坐狮和石华表，石华表上刻对联“阆苑归真千载龙蟠垂福荫，鹏山毓秀万重凤诏叠荣封”。1984 年 9 月 6 日，被深圳市人民政府公布为第二批深圳市文物保护单位。

杨耀宗墓 位于深圳市大鹏新区锣鼓山东麓，坐西北朝东南，建于清光绪二十年（1894），全长 5 米，墓堂宽 4 米，整体保存较好。2006 年 7 月 14 日，被深圳市龙岗区人民政府公布为龙岗区第二批文物保护单位。

刘钟墓 位于深圳市大鹏新区大鹏办事处王母社区坪西公路西侧，向北偏东 30°，于清光绪年间重修。占地面积 108 平方米，墓面建筑为青砖结砌，分墓堂和享堂两部分。青砖规格为长 0.31 米，宽 0.14 米，高 0.05 米。该墓为明武略将军刘钟与夫人杜氏合葬墓，保存完整。2012 年 1 月 13 日，被深圳市龙岗区人民政府公布为不可移动文物。

刘太君墓 位于大鹏新区大坑下村松树岭东麓，坐北向南，建于清道光十九年（1839）。1984 年 9 月配合大亚湾核电站工程，深圳博物馆对此墓进行发掘，并将其迁往鹏城村东校场，按原貌修复。全墓用花岗岩雕凿砌筑。2012 年 1 月 13 日，被深圳市龙岗区人民政府公布为不可移动文物。

◉ 碑刻石雕

东山古刹石匾 1984 年深圳博物馆考古人员在文物普查时发现，现藏于深圳博物馆。该匾原位于大鹏所城东门外东山寺门额，上阳刻楷书“东山古刹”4 字，清咸丰二年（1852）刻成。据传，此字为赖恩爵将军所书。石匾为花

东山古刹石匾（2006 年）

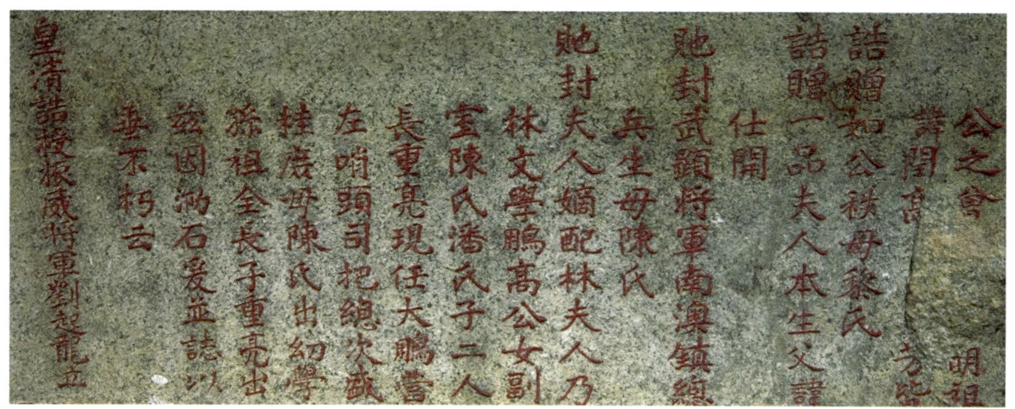

刘起龙“功名碑”匾

岗岩石，已断为两截，有一截遗失。所存残碑长 1.35 米，宽 0.65 米，上刻“东山”二字，右侧为楷书“壬子年重修”。

刘起龙“功名碑” 清道光十一年（1831）立，为刘起龙“天子门”牌坊构件之一，原位于牌坊正中间，后移至大鹏所城城隍庙遗址一草屋门梁上。2000 年发现，现藏大鹏古城博物馆。该碑双面均有文字，正面为刘起龙所修之家谱，背面是刘起龙死后朝廷所赐的“功名碑”正文。

重修城隍庙碑乐助芳名碑 清道光十九年（1839）立，原在大鹏所城内，现藏于大鹏古城博物馆。“芳名碑”共两块，每块高 1.05 米，宽 0.6 米，厚 0.05 米，均为花岗岩质地。碑中记载了重修大鹏所城城隍庙时捐款人的名字。

福隆桥碑 清嘉庆十六年（1811），大鹏所城王广勋等人建“福隆桥”时所立。该碑长 1.72 米，宽 0.7 米，厚 0.28 米，花岗岩质地。1995 年发现于大鹏镇的林布山麓，保存完整。

重修大鹏所城碑 2001 年，大鹏古城博物馆根据村民提供的线索于大鹏所城内东北华光庙旧址发现，现藏于大鹏古城博物馆。该碑当时作为灶台被切成 4 块，后虽经拼合，仍不完整。“重修大鹏所城碑记”8 字为篆书，碑文为隶书，书法端正秀美。

赖太母黄老夫人墓碑 清道光二十年（1840）立。该碑高 0.52 米，宽 0.37 米，厚 0.05 米，花岗岩石质。原在大鹏所城内正街振威将军第内，现已无存。

蜈蚣岭题诗石刻 原位于今蜈蚣岭半山一巨石之侧，明嘉靖十三年（1534）刻。题诗石刻高 6 米，宽 20 多米。诗文阴刻竖排，周围还刻一高 0.44 米、宽 1.06 米的方框。现已无存。

重修城隍庙碑乐助芳名碑匾

福隆桥碑

重修大鹏所城碑

参戎许总爷去思碑 位于大鹏所城西门外墙南侧，清雍正十年（1732）立，深圳博物馆 1984 年文物普查时发现，现藏于深圳博物馆。许总爷，姓许，名国腾，福建海澄人，贡生。清雍正六年，以带兵有方、深谋大略升任惠州协大鹏水师营第二位参将。在任期间，与兵士同甘共苦，赏罚分明，因此军威大振，士气昂扬。清雍正十年夏，升任澄海协帅。大鹏水师营全体官兵为怀念他，特立“去思碑”。该碑长方形，高 1.46 米，宽 0.72 米，花岗岩石质。碑额横书“参戎许总爷去思碑记”。

中英海域权属界碑 2007 发现于南澳大鹿湾界，立于晚清，分为三节。白色，花岗岩质地，由底座、方尖碑和一块大石碑组成。大石碑基座长、宽均为 0.65 米，高 0.42 米，上分别有中文与英文碑文。

附：中英海域权属界碑介绍

中英界碑分三种，分别是：陆界碑、海关关碑和海域界碑。陆界碑以中英街界碑为代表；海关关碑为九龙新关关碑和大铲新关关碑；海域界碑以中英海域权属界碑为代表。

中英海域权属界碑

清光绪二十四年（1898），英国政府拓展香港界址，中英签订《展拓香港界址专条》。条约规定，中国政府将大鹏湾、深圳湾两海域租给英国。《香港英新租借合同》实际上是《拓展香港界址专条》的实施细则。清光绪二十五年3月18日中英两国结束对新界北部勘界,《香港英新租借合同》签字后，港英当局藉口《香港英新租借合同》内有“潮涨能到处”文字，经常派船闯入大鹏、深圳两湾自北面入海各河口，甚至远及各内河沿岸的一些村庄，诡称此等地方为“潮涨能到”之处，英方有权前往。为此，清朝廷与港英当局屡次发生争执。英方于清光绪二十八年为维护自身权益，为标明东部大鹏湾界线，向中方提出“英国之权至于何处”的问题后，单方采取了一次竖碑行动，提示中国船只不得向西越过英国东经114° 30′界线。

较场尾夜色

旅游开发

鹏城社区以大鹏所城海防文化、东山寺宗教文化及较场尾民宿为中心，以中秋水灯祈福夜、大鹏新年庙会等旅游活动为依托，高品质推进旅游业的发展，已成为大鹏新区旅游业的一张靓丽名片。在开发和保护方面，大力开展辖区历史文化景区、旅游文创产业、公共文化设施等方面的建设，同时严格按照全国重点文物保护单位的标准和规定进行保护，从而达到全面保护并合理利用的目的。

◉ 景区景点

鹏城社区内旅游资源主要由大鹏所城、东山寺、较场尾 3 个片区组合而成。大鹏所城旅游区是大鹏新区旅游产业最重要的支柱之一，占地约 46.5 万平方米。其中大鹏所城是明清两代中国东南沿海抗倭防盗的海防军事要塞，有着 600 多年抵御外侮的历史，是深圳唯一的全国重点文物保护单位，也是中国目前保存最完整的明清海防卫所之一。较场尾是闻名全国的风情民宿小镇，被誉为“深圳鼓浪屿”。东山寺拥有 600 多年的历史，是传承中国禅宗“东山法门”的岭南名刹。鹏城社区旅游区集文化旅游、休闲旅游、滨海旅游、度假旅游、宗教旅游等功能于一体，是深圳市乃至整个广东省旅游资源最多元化的片区之一。

2017 年，大鹏新区和大鹏办事处引进央企华侨城集团进驻和接管大鹏所城、东山寺、较场尾三个旅游景区。

大鹏所城　大鹏所城是深圳目前唯一一处全国重点文物保护单位，为深圳八景之一，城内有大量的传统民居、古寺庙和保存完好的城门城墙。随着旅游产业的发展及游客络绎不绝的到访，大鹏所城内小贩云集，既有特色的大鹏茶果坊，也有各类独特的工艺品和艺术品等，同时，古城及周边的民宿产业也逐步兴起。从 2015 年起，大鹏新区和大鹏办事处启动了对大鹏所城内房屋的统租统管工作，每年接待游客量达 150 万人次。

大鹏所城（2016 年）

大鹏古城博物馆展厅（2011 年）

大鹏古城博物馆 位于大鹏所城内，成立于 1996 年，是全国重点文物保护单位大鹏所城文物保护专门管理机构，主要负责大鹏所城的文物保护、文物征集、历史研究、陈列展览等工作。

大鹏古城博物馆为依托全国重点文物保护单位大鹏所城并以其文物本体建筑为陈列展览的博物馆，展示明清岭南民居建筑群并设有 4 个常设展览，分别是大鹏所城复原模型沙盘展、鹏城春秋历史展、赖恩爵振威将军第历史展和大鹏粮仓专题展。2005 年 12 月，大鹏古城博物馆被公布为广东省爱国主义教育基地。2009 年，大鹏古城博物馆被国家文物局评为国家三级博物馆。馆内收藏有清兵帽、曹安“省港罢工证”、木盒、清光绪何文朴衣帽箱、清赖恩爵手书“巍峨独配”木匾等物品。

大鹏粮仓专题展（2018 年）

清兵帽（2014 年）

清兵帽。竹编质地，圆锥形，口径 0.28 米，高 0.14 米。曾为清嘉庆、清道光年间的振威将军赖英扬所用，现保存完整。

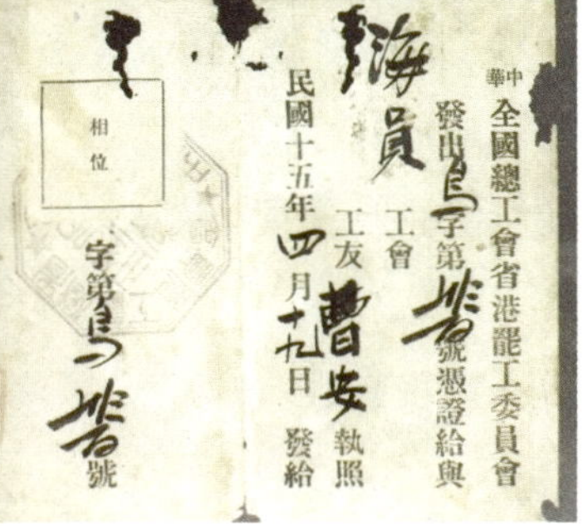

中華全國總工會省港罷工委員會
發出海員字第　號憑證給與
工會
工友　曹安　執照
民國十五年四月十九日　發給
相位
字第　號

曹安“省港罢工证”（2016 年）

曹安“省港罢工证”。长 0.16 米，宽 0.13 米，纸质。该证是 1926 年 4 月 19 日中华全国总工会省港罢工委员会发给曹安参加省港大罢工的执照。曹安，大鹏所城人，1925 年参加省港大罢工。证上的照片已脱落不存，但文字保存完整，“省港罢工委员会”和“第六登记”两枚印章清晰可见。征集于大鹏所城南门街 3 号曹安故居。2001 年被深圳市文物管理办公室鉴定为二级文物。

木盒（2014 年）

木盒。呈六角形，圆弧盖。底宽 0.27 米，口宽 0.23 米，高 0.09 米。表面雕刻花纹，兼有彩画。原为清咸丰年间福建晋江镇总兵、武功将军赖恩锡所用。该盒制作精美，绘画具有较高的艺术水平。现保存完整。

清光绪何文朴衣帽箱（2014 年）

清光绪何文朴衣帽箱。征集于大鹏所城东门街何文朴将军第。何文朴是大鹏古城人，清光绪年间任九龙协副将。该箱为何文朴存放官袍官帽所用，形制独特，下部为一长方体木箱，上连一清官帽状箱体，箱的外部封以牛皮，上漆，现保存完整。2001 年被深圳市文物管理办公室鉴定为二级文物。

“巍峨独配”木匾（2014 年）

清赖恩爵手书“巍峨独配”木匾。2014 年 11 月 26 日征集于大鹏所城赖恩爵振威将军第内。该匾为清代赖恩爵亲笔手书，有落款“（提督广东）全省水师军务呼尔察图巴图鲁赖恩爵盥沐敬书”。该匾保存基本完整。

东山寺景点

东山寺位于大鹏所城东面。始建于明洪武二十七年（1394），位于龙头石山南侧山腰，俯瞰大亚湾，背山面海，风景旖丽。寺内有天王宝殿、大雄宝殿等多座仿古明清风格建筑，全部采用木结构建成的建筑，气势雄伟。东山寺每年接待游客量超过 60 万人次。

大山门 位于寺院前山鹏飞路旁，兴建于 2013 年 6 月，坐北朝南，面朝龙岐湾。山门为四柱三间门楼式建筑，以花岗岩雕砌而成，总宽 21.8 米，高 16 米，气势雄伟，古朴庄严。明间有三座拱形门，石柱为方形，楼顶雕有勾头、滴水，正面横额“东山寺”为传正大和尚所题，两侧对联：东城西就平心直行万卷一楼珍，山情水色真经自性一勺四海味。背面刻有“回头是岸”4 个大字，两侧对联：鹏岛听梵歌袅袅禅风曲传海外，鹫峰添胜境悠悠法雨福泽人间。山门四周均有立体浮雕图案。

浴佛池 池中心有莲花台，立着释迦牟尼佛像，旁有九龙朝圣，昂首喷洒甘霖，为佛沐浴。

东山寺一角（2016 年）

石碑坊 四柱三间，由花岗岩雕砌而成。明间宽 2.07 米，次间宽 0.97 米，高 4.9 米。明间石柱为方形，前后均有抱鼓石，次间柱外侧用夹石。明间楼顶雕出 14 垄筒瓦和勾头、滴水，正脊雕宝珠。横额上书“鹫峰胜境”四个阳文行楷，落款署“咸丰四年”，背面横额“鹏岛灵山”，均为广东归善籍大鹏协副将张玉堂所书，左右两次间横额均有雕菊花图案。碑坊的旁边，有棵百余年的龙眼树。1984 年 9 月，东山寺石牌坊被深圳市人民政府公布为深圳市文物保护单位。

天王殿 天王殿为仿古明清风格建筑，殿前阶梯中央有青石丹陛，上为九龙，下为莲花。殿前对联为：果有因因有果有果有因种甚因得甚果，心即佛佛即心即心即佛欲求佛先求心。殿内中间有弥勒佛像，殿中对联为：日日携空布袋少米无钱却剩得大肚宽肠不知众檀越信心时用何物供养，年年坐冷山门接张待李总见他欢天喜地请问这头陀得意处是什么来由。两厢四大天王保持着明清的雕塑艺术风格，相貌威武。弥勒佛像的背后是护法韦驮尊天菩萨。

功德堂 建于 2012 年，奉三尊观音菩萨，分别为二十四臂观音、送子观音、如意观音，设有消灾祈福的长生禄位。右边为福寿堂，供奉三尊地藏王菩萨，分别为五佛冠

天王殿（2016 年）

地藏、比丘相地藏、度地狱地藏。观音菩萨像两侧对联为：萦回瑞气施雨露，七情淡泊悟禅机；缭绕祥云驾莲花，一念慈悲生善果。

福寿堂 建于 2012 年，供奉五佛冠地藏菩萨，菩萨左有道明和尚，右有闵公，同时供奉比丘相地藏菩萨和度地狱地藏菩萨，并安设祖先灵位，以供祭祀。两边有对联：地狱未空，誓不成佛；众生度尽，方证菩提。

藏经楼 筹建于 2011 年，次年落成。第一层为法堂，是平日僧众共修、讲经和说法的场所，堂内供奉有五方如来。第二层为禅厅，第三层为藏经阁。

伽蓝殿 筹建于 2012 年 9 月，次年落成。主体采用纯进口红木结构，地基则为传统花岗岩石砌。供奉护法伽蓝菩萨关圣帝君，关兴、周仓分立左右。

祖师殿 筹建于 2012 年 9 月，次年落成。供奉达摩祖师、六祖惠能祖师和近代禅宗大德虚云禅师。

大雄宝殿 建于 2012 年。大殿为五开间，双层檐纯木结构，全部采用缅甸进口菠萝格红木，整个大殿没有使用一颗铁钉，纯粹木结构榫卯衔接。屋顶则采用江苏宜兴定制的紫砂瓦，墙上青砖则专门从江西赣州定制。大殿悬挂着传正大和尚撰写的对联：水天一色潮音深处有玄机如何是汝真面目，法门广大钟声悠扬无今古悟澈忘吾妙觉心。殿内供奉着释迦如来、东方药师琉璃光如来、西方极乐世界阿弥陀如来。大殿两侧的五百

大雄宝殿（2016 年）

泥塑罗汉，仿自韶关南华寺，采用潮州陶泥，有多幅彩画以及雕刻，制作精美。

钟楼 筹建于2012年9月，次年落成。采用纯进口红木结构，地基为传统花岗岩石砌。钟楼的万斤铜钟2013年铸造于台湾，镶有“深圳东山古寺”字样，并刻有般若波罗蜜多心经及大悲咒。

镇妖塔 位于东山寺西侧，为五层六角形砖塔，外涂灰砂，直径1米，高2.45米。最下层有一碑石，镌刻“东山寺老和尚墓”，右侧小字及年代已模糊不清。相传东山寺主持鹏海大师，德高望重，时年九旬，发现寺后磨刀坑有蜘蛛石，年久成精，为害乡里。为解救乡民，鹏海大师舍命将其打入地下，因此也气绝圆寂。当地人特在鹏海大师镇妖之处建造一塔，将鹏海大师葬于其中，以彰其功，以谢其德，故此塔称“镇妖塔”。

镇妖塔（2016年）

鹏城美丽乡村旅游园 2014年7月6日开园，占地面积3000余亩。以“生态保护、科学发展”的原则，已形成综合性旅游景区，景区推出“乡村季风”：油菜花季2—3月、荷花季6—10月、草莓季9月至次年4月、牡丹花季3—4月、有机果蔬季按时令。年均游客接待量超4万人次。该园于2018年被深圳市定为中小学生户外农业劳动实习基地。其间，该园先后开展多期中小学生亲子家庭户外活动，包括戏水撒欢、田园拓展、农耕体验、传统手工制作、趣味活动等。

鹏城美丽乡村旅游园一角（2016年）

◉ 旅游节庆（活动）

中秋水灯祈福夜 是大鹏嘉年华的系列活动之一，至 2018 年年底已连续举办 5 届。中秋夜，参加祈福的市民相继来到东山寺，在领取吉灯后在东山寺大雄宝殿诵经祈福。随后众人从东山寺大雄宝殿出发，一路手捧水灯步行至较场尾海滩，许愿放灯，象征圆满的美好景象。

中秋水灯祈福夜活动（2017 年）

祈福大鹏水灯（2017 年）

较场尾晨韵（2012 年）

大鹏新年庙会 在大鹏新区的大鹏所城北门广场举行。庙会有20多种传统年俗活动及表演，包括所城打米饼、陶瓷艺术、木雕、内画、灯笼、中国结、书法送“福”、客家山歌、大鹏凉帽舞、大鹏民俗婚嫁、渔民娶亲、舞麒麟、将士出征、水袖舞、惊鸿舞、独轮顶碗杂技等。

◉ 旅游服务

较场尾民宿 较场尾位于大鹏银滩路东、鹏飞路南至龙岐湾之间狭长的海滨地带，北面与大鹏所城相邻，建村历史已有300年左右。较场尾村因位于西较场尾部而得名。较场尾总面积约33万平方米，面向龙岐湾，与南澳新大及七娘山隔海相望。海岸线约3000米，岸边为沙滩，退潮时最宽约50米，沙质较好，适合游泳。沙滩外是浅海，潮间带最宽处达1000米，退潮时见底，可以捡拾海产。

改革开放后，大部分村民陆续搬离较场尾，民房大量空置。2006年，部分人投资将一些老屋加以装饰装修，主要用于家庭度假和朋友聚会，由此而成为较场尾民宿的开端。2009年，较场尾的民宿初具规模，凝聚了中式、欧式、地中海式、日式、韩式等不同风格的民宿。2011年，较场尾先后有200余栋民宅被翻新改造成为民宿客栈。

较场尾民宿

2014 年，大鹏新区、大鹏办事处着力开展较场尾综合整治，建设 4000 平方米的美食街。较场尾的发展坚持“政府主导、社会参与、社区自治、行业自理”方针，开展社区多元自治，取得显著成效。出台《大鹏新区民宿管理办法》并成立大鹏新区较场尾民宿协会，签约引入 SGS 认证，民宿发展逐步走上规范化道路。截至 2018 年底，较场尾有民宿 355 处、房间 3739 间、床位 4000 多张，另有餐厅 33 间、酒吧 17 间，每年接待游客量 110 万人次，已成为闻名全国的风情民宿小镇，成为大鹏新区旅游业发展的一张名片。这里的民宿形态各异，融合了特色的海边风情，地域文化、民宿文化、海洋文化在这里得到了完美融合，被誉为“深圳鼓浪屿”“中国的爱琴海”“小丽江”。

大鹏文化村 位于大鹏所城和东山寺之间，是在所城东北村旧屋基础上，由私人承包改造而成，占地面积 1 万平方米，室内面积 1800 平方米，分成 10 个院落，30 间客房，60 张床，其中有一个多功能院落，一个餐饮院落。在大鹏文化村，人们不仅可以享受到原生态的自然环境，还能体验一把与世隔绝的隐居生活。年均游客接待量超 3 万人次。

大鹏文化村客房（2019 年）

大鹏文化村巷道（2019 年）

酒店

百纳海酒店　2015 年开业，位于大鹏新区大鹏办事处银滩路，距较场尾海滩仅 150 米，毗邻大鹏所城 500 米，东接东山寺 800 米，酒店占地 2 万平方米，主体建筑面积 15000 平方米。酒店拥有各类客房 150 间，配有西餐厅、中餐厅、主题音乐吧、一个约 1000 平方米的多功能宴会厅，2500 平方米的休闲娱乐区及 1200 平方米的超大露天泳池。是一所南亚风格的休闲度假酒店。

百纳海酒店（2019 年）

深圳海舍假日酒店（2019 年）

深圳海舍假日酒店 2014 年开业，位于大鹏新区大鹏办事处海滨路 68 号，是一家源于东南亚风格设计理念的休闲度假酒店。酒店精心打造了 206 间不同风格、舒适高雅、突显个性的精品客房及套房，配套有东南亚风情餐厅、地中海休闲吧、大型会议厅、游泳池、健身中心、棋牌室、游乐中心、户外拓展购物中心等。

深圳海城湾客栈 2016 年开业，位于大鹏新区大鹏办事处鹏飞路 73 号，历史文化名胜大鹏所城、较场尾风情海滩、东山寺等旅游景点分布在酒店周边，酒店坐落在大型停车场内。上下 4 层有客房、多功能会议室、休闲咖啡厅、娱乐区域等设施，可承接

深圳海城湾客栈（2019 年）

100 人的小型会议及活动。酒店采用了中西结合的设计风格。

旅游交通

自驾游　自驾游受到来自福田、罗湖等深圳中心区域以及广州、东莞、惠州等周边城市游客的欢迎。进入景区后，在大鹏所城以及较场尾区域有多个停车场可停放车辆，且这些停车场距离主要景点较近，十分方便。经统计，前来游玩的旅客主要通过以下道路进入景区：

从深圳市中心区域经罗沙路—沙盐路—盐坝高速—坪西公路，再转鹏飞路可至，或由梅观高速—机荷高速—惠盐高速—深惠高速—坪西公路，再转鹏飞路可至。

从广州、东莞经广深高速—机荷高速—盐排高速—盐坝高速至葵涌出口往大鹏方向，沿着大亚湾核电站方向，经过大鹏所城。

在每年的旅游高峰时段，游客进入大鹏半岛前需在网上进行预约，登记车牌号。

公交　节假日期间，大鹏半岛交通较拥堵，政府提倡绿色出行，公交出行成为越来越多游客的选择。至景区的公交主要有 m457 路以及 m471 路两路公交车，分别连接葵涌站与大鹏站。此外还开通了从香港出发的旅游专车，途经香港九龙塘火车站、粉岭火车站、沙头角、葵涌。

游客服务中心　游客服务中心选址为大鹏所城南门前华珍路将军宴餐厅，通过外立面改造、内部升级的方式进行打造，建筑面积 480 平方米，包括文化展示区、医务室、休息区、行李寄存处等。

游客服务中心（2018 年）

◉ 开发与保护

资源开发 在深圳市东部滨海地区总体规划中，鹏城被列为历史文化旅游景区的核心景区。该景区以历史遗存、人文景观和核电科普教育为特色，开展古城寻旧、山海风光和科普教育等旅游项目。通过保护大鹏所城，提升其旅游观光价值，加强东部山海旅游品牌塑造和优势，开拓旅游市场，促进区域城市体系的旅游合作与商业交流，带动鹏城商业和服务业的发展。结合合理的保护规划与城市发展计划，促进历史文化名村的保护与发展。

2016 年 10 月 27 日，大鹏新区管委会与华侨城集团公司签订文化旅游合作协议。按照协议，华侨城将投资 300 亿元，与大鹏新区共同探索新型城镇化及 PPP 模式落地，加快融入新区发展，通过新型城镇化、“文化 + 旅游”“旅游 + 互联网 + 金融”等模式，推进大鹏新区历史文化景区、旅游文创产业、公共文化设施等建设，建设国家全域旅游示范区。同时按照“全域旅游开发、新型城镇化建设”工作主线，以大鹏所城旅游区创建国家 AAAAA 级旅游景区和大鹏所城申遗为抓手，提高鹏城片区的旅游品质，并且积极拓展新项目资源。推动大鹏半岛打造世界级滨海生态旅游度假区，打造粤港澳大湾区的旅游地标，构建深圳滨海文化旅游长廊。

大鹏所城旅游区成立 2017 年 11 月 9 日，在“2017 深圳大鹏文化季”开幕式上，宣布以大鹏所城、较场尾民宿小镇和东山寺为核心的大鹏所城旅游区正式成立，同时启动创建国家 AAAAA 级旅游景区活动。为加快提升管理效率和服务品质，高标准开展大鹏所城旅游区软硬件建设工作，新区和办事处决定委托深圳华侨城鹏城发展有限公司管理整个旅游区的运营，旨在以“文化 + 旅游 + 城镇化”为战略，把大鹏所城旅游区建设成为全国一流的世界文化遗产小镇。

古城保护

大鹏所城是全国重点文物保护单位，在保护、恢复的前提下，逐年加强整治、搬迁、保护的力度，严格按照全国重点文物保护单位的标准和控制规定，保护古城，控制建设，合理发展，深入发掘大鹏所城深厚的历史文化内涵，保护历史遗迹及其环境，将大鹏所城地区规划为保有完善的历史风貌和文物古迹，体现深圳文化底蕴，具有独特旅游观光价值的历史文化保护区。从而达到全面保护并合理利用大鹏所城的目的。

大鹏文化季（2018年）

规划　1999年，鹏城村对村境范围内的土地开发使用和房屋维修进行严格控制和管理。请中国城市规划设计研究院对全村土地特别是住宅用地进行统一规划，将住宅用地调到离所城500余米的地方统一安排，避免现代化的建筑破坏大鹏所城的整体协调和格局。同时积极引导村民统建上楼。

2004年4月，中国城市规划设计研究院、深圳市规划与国土资源局、深圳市文物管理委员会对大鹏所城作出保护规划，制定《深圳市大鹏所城保护规划》。该规划分为保护范围、建设控制地带、古城风貌协调区和古城保护类型等方面。

古城保护范围。规定原则上沿古城城墙向外扩展50米。东部保护范围将东山寺等景观纳入，以形成完整的古城东门景观体系。南部保护范围一直延续到大亚湾海岸线，使古城风貌得到开敞的延伸空间。保护范围内不得进行其他建设工程或者爆破、钻探、挖掘等作业，如因特殊情况需要在保护范围内进行其他建设工程或者爆破、钻探、挖掘等作业的，必须保证文物保护单位的安全，并经广东省人民政府批准，在批准前应当征得国务院文物行政部门同意。

古城建设控制地带。原则上从古城保护范围界线向外扩展100米的范围。在建设控制地带内进行建设工程，不得破坏所城的历史风貌。工程设计方案应当经文物行政部门同意后，报规划建设部门批准。

古城风貌协调区。规划区内建设控制范围外周边建设用地即为古城风貌协调范围。

古城保护类型。保存类建筑，有省级文保单位 2 处，市级文保单位 3 处，优秀风貌建筑7处，包括南门楼、赖恩爵将军第等。保护类建筑，是指尚未被列入文物保护名单，但具有一定历史文化价值的传统建筑和近现代建筑。如西门楼、赖信扬将军第、戴氏将军第、赵公祠等。改善类建筑，是对于一般的传统建筑内部进行修缮和改造，改善居住和使用条件。整饬类建筑，是对建筑形式、色彩、细部进行适当整饬，对局部冲突较大的建筑进行降层或拆除等改造措施，严格按照保护风貌要求进行整饬，减少环境冲突。暂留类建筑，是对于建筑质量完好，层数在三层以下新建筑，有一定配套设施，但风貌不协调的，暂时作为保留建筑。

村籍华侨积极参与保护工作　20 世纪 90 年代初，改革开放加快了鹏城村经济和社会的发展。很多旅居海外的村籍华侨在春节或清明节回乡祭祖时，向村里提出要把祖屋翻新重建的请求。鹏城村领导班子得知后，着手开展游说工作，并利用春节期间华侨回乡探亲访友的机会，给他们讲解保护明清民居的历史意义，阐明翻新重建对文物的危害。经过一番交谈，华侨们改变了初衷，并积极配合村里的文物保护工作。部分华侨还加入到保护工作的宣传工作中，主动与其他身居海外的村籍华侨宣传村里保护工作和相关政策。

保护措施

交通出入口　根据独特的历史布局和古城墙走向，古城交通出入口根据城门布置东、南和西城门为主要交通出入口，同时根据历史保护的需要，北门为防灾疏散备用出入口。

给排水设施　随自来水的普及使用，排水逐步实现雨污水分流。供水管从市政管网接入古城，形成两个主要供水来源，保障了古城内的供水安全可靠性，沿路铺设的给水管全部埋入地下，沿线布置消火栓，污水排放采用边沟式污水系统，出古城后采用钢筋混凝土污水管。雨水排放在保留原排水方向的基础上，采用边沟式雨水排放系统。由于古城内部街道狭窄，管线排列较紧密，故消防用水按独立系统安排布置。

防水系统　古城背山面海，地势北高南低，北部的排牙山海拔 707 米，汇水面积较大。在古城西北部及东北部有两座水库——打马坜水库及水磨坑水库。打马坜水库集雨面积 3.6 平方千米，正常蓄水位 21 米，正常库容 288 万立方米，溢洪道最大泄洪量 42

打马坜水库（2018 年）

立方米 / 秒；水磨坑水库集雨面积 2.34 平方千米，正常蓄水位 55.3 米，正常库容 130 万立方米，溢洪道最大泄洪量 58.02 立方米 / 秒。由于两水库控制了排牙山流向古城的大部分汇水面积，受洪水威胁不大。古城有数条山洪沟、河渠穿过并直接流入大海，鹏城河是古城最主要的防洪河道，北接打马坜水库溢洪道，自北向南沿鹏飞路东侧穿过向东汇入大海，河长约 2.5 千米。鹏城河穿越建成区段河道基本整治完毕，防洪标准为 50 年一遇。水磨坑水库溢洪道自北向南流入大海，河道基本上可以满足五十年一遇的防洪标准。所城外围局部地区地势较低，地面标高低于百年一遇潮水位 2.79 米，因古城内雨水排放设施有待进一步完善，无法将雨水直接排入大海，容易形成内涝，低于潮水位的地区采用加高地面标高的办法，满足排水要求。所城外围场地最低标高按 3.6 米控制，达到百年一遇防潮的标准。部分建成区地势较低，则通过增设排涝泵站防止内涝。

广场绿地 古城内的广场绿地主要有北门广场、天后宫绿化广场、协台衙门和城隍庙遗址广场，古城外的广场绿地主要有东门绿化广场、南门绿化广场和北门遗址广场绿地。东门和南门广场绿地主要是为旅游服务的休憩广场，设有旅游服务和商业配套设施，同时兼具人流疏散功能。另外，在古城内整理出 16 处较为集中的绿地，扩大古城的绿化覆盖率，与所城外部保护绿地共同构建绿地系统。绿地系统包括东山景区、保护绿地、集中绿地和宅院绿地四个层次，规划城内绿化覆盖率达到 30% 以上，整体地区达

协合衙门广场绿地（2019 年）

到 60% 以上。

停车场　在大鹏所城的四个城门外附近配套设有交通服务设施和停车场，其中东、南两个城门外的停车场主要为旅游观光服务。西门外的停车场主要为当地居民服务，部分为旅游服务。北门遗址附近的停车场为备用车场，主要为管理和城市防灾紧急疏散服务。

防火系统　大鹏所城内的古建筑多为木质结构且建筑密度高，街巷狭窄曲折。因之，所城的防灾重点是防火和人群疏散。古城内部防火系统以“重点防范，系统协调”的原则，对将军第、祠堂等重点保护建筑，设置防火设施，如室内消火栓系统、火灾自动报警系统、气体灭火系统、灭火器等。在所城内开放绿地设置 12 个消防栓和消防工作点，使有效消防半径覆盖城墙范围内的所有地区。同时将北门定为古城区内防灾专用出入口，并结合一纵两横干道，形成防灾疏散系统。由于古城内道路不具备常规消防车辆的通行，采用小型特种消防车进行消防施救。分别在博物馆东侧和沿城墙内部开辟一条符合特种消防车通行要求的步行道，将博物馆南北两侧的绿化用地和城隍庙遗址绿化用地作为消防车作业的回车场地空间。另外，把城墙外围的市政道路和南门外的华珍路作为主干消防路径，对南门街民居群进行消防施救。

所城消防站（2019 年）

电力设施 完成以电源扩容及线路改造为重点工作的电力基础设施建设。根据负荷分布情况及负荷总量统一安排电源配置。线路改造架空线路下地，因路宽所限，采用穿管敷设。灯光照明充分体现古城风貌，在照明方式、灯具选择及布置方面与建筑风格相协调，形成独特夜晚视觉效果。街道照明灯具选择以传统形式为主，采用墙壁安装方式，结合门牌、指路牌等设施，做成具有所城特色的路灯小品。重要节点照明采用增加建筑泛光等方式，作为照明重点。

所城灯光

鹏城夜色（2018 年）

居民生活

新中国成立前，鹏城村村民收入主要源自农业、种植业和渔业，生产力低下，如遇天灾年份，生活则更加艰难。新中国成立后，村民生活逐渐稳定。改革开放后，随着社会经济的飞速发展，居民的收入大幅增加。至2018年年底，鹏城社区人均收入7.5万元，居民生活水平得到进一步提升。居民消费结构不仅有了较大变化，医疗、养老也得到较好保障。

◉ 收入与支出

居民收入 新中国成立前，鹏城村村民收入主要源自农业和渔业。农业以种植水稻、花生、番薯为主，另种植荔枝、甘蔗等果树，渔业则以龙岐湾海域所产的池鱼、黄脚立（黄鳍鲷）以及各类虾蟹等海产品为主。当时，农业生产基本全靠“看天吃饭”，生产力低下，村民生活困苦，如遇天灾或战乱，人们只有远走他乡。村民每年缴清各类税费后，所剩无几。部分村民则选择开店做生意，如开医馆、做裁缝、卖小吃等。鹏城村临近香港，交通便利，很多人去香港打工往往能获得更高的收入，因此自清末起就有不少村民前往香港打工帮补生计。有的一年外出几个月，有些人常住香港，还有些人转至东南亚、欧洲、美国等地打工。

改革开放前，全村有水田2000多亩，常遭海水侵袭，产量很低，亩产仅250千克左右。1978年，生产大队集体资产仅2万元，村民人均年收入约180元。

改革开放后，社会经济飞速发展，除了传统的农业、种植业和渔业外，外出打工的村民逐渐增多，村民就业空间得到扩展，收入也逐渐增加。村民收入来源有经营性收入、财产性收入、金融证券收入、福利性收入等。鹏城社区股份公司成立后，村集体资

捕鱼（2016年）

晒鱼（2016 年）

产由股份公司经营打理，投资方式主要包括集体物业出租、对外投资等，所得进行集体分红。2018 年，鹏城社区人均收入 7.5 万元。

居民支出 改革开放前，村民生产生活主要是自给自足，除非有必要的生产、生活花销，一般很少有其他花费。

改革开放后，随着收入的不断增加，消费支出也同步增长，消费结构发生变化。20 世纪 80 年代初，手表、自行车、缝纫机进入普通村民家庭。90 年代，冰箱、彩电、洗衣机等商品进入村民的视野。1995 年，人均消费性总支出 1.17 万元，其中食品类、居住类支出明显上升，分别占总支出的 31.8% 和 26.5%；生活类支出大幅下降，占总支出的 19.4%；交通通讯类、教育类、医疗保健类、文化娱乐类比例逐步上升。

21 世纪以来，人们生活水平日益提高，高档消费品进入寻常百姓家，外出旅游成为时尚，文化、健身活动蔚然成风。2018 年，居民人均消费总支出 2.13 万元。其中食品类、交通通信类支出位居前列，分别占总支出的 24.4% 和 16.86%；教育类占总支出的 9.14%。

1995—2018 年鹏城人均消费情况统计表

表 4　　单位：元

项目 年份	消费总支出	食品类	衣着类	日用品类	医疗保健类	交通通信类	教育类	文化娱乐类	居住类	其他类
1995	11655.90	3707.60	685.63	2256.80	297.45	620.22	426.84	154.17	3088.60	418.60
1996	11955.10	4307.36	1193.88	1980.96	507.12	1171.92	717.72	383.76	1226.28	466.10

续表 4

项目 年份	消费总支出	食品类	衣着类	日用品类	医疗保健类	交通通信类	教育类	文化娱乐类	居住类	其他类
1997	16182.20	5618.16	1584.72	2426.04	648.00	2310.36	949.32	465.12	1197.24	983.24
1998	15784.40	4951.68	1179.24	2033.88	886.32	1831.20	950.45	574.84	1748.40	1628.39
1999	12340.60	4344.72	945.96	1801.44	530.16	1687.20	545.52	544.32	1377.24	564.04
2000	14669.80	4444.08	1229.64	2221.80	355.68	2388.96	815.40	491.04	1527.72	1195.48
2001	16010.50	4148.40	1300.20	3375.96	1154.16	2824.80	1245.60	498.60	1352.52	110.26
2002	17460.40	4355.40	1498.20	1126.20	1163.40	2421.00	1083.50	1070.40	2478.80	2443.50
2003	15716.30	4897.20	1462.68	975.12	1276.08	2474.16	1296.72	613.44	1315.08	1405.82
2004	16808.10	4678.30	1489.20	1012.50	1302.50	2568.20	1402.20	656.10	2156.80	1542.30
2005	17528.40	4823.50	1523.40	1059.70	1348.30	2785.30	1489.80	785.30	2482.30	1230.80
2006	17147.00	4953.30	1545.90	987.30	1452.30	2963.40	1479.30	774.10	1967.60	1023.80
2007	17826.10	5196.70	1589.60	896.60	1483.80	2997.50	1623.80	698.60	2369.70	969.80
2008	16962.10	5001.50	1623.70	878.20	1496.40	3041.80	1654.30	789.30	1489.50	987.40
2009	16037.10	4268.90	1268.60	963.20	1568.20	3042.70	1789.30	792.40	1698.20	645.60
2010	17703.00	4635.50	1700.50	1002.80	1513.80	3102.50	1785.40	854.40	1987.80	1120.30
2012	19361.20	4263.80	1708.20	1563.50	1680.60	3235.80	1856.40	896.40	2698.30	1458.20
2013	20119.70	4235.30	1726.90	1236.70	1645.30	3396.70	1899.70	798.20	3526.20	1654.70
2014	20787.50	5236.50	1869.70	986.70	1523.50	3562.70	1901.30	1023.40	3321.10	1362.60
2015	21106.70	5269.60	1809.80	902.30	1698.70	3752.90	1956.80	1124.50	3002.50	1589.60
2016	21246.30	5012.80	1863.40	1124.50	1626.90	3451.20	1999.70	1036.90	3895.60	1235.30
2017	21520.96	5132.65	1861.40	947.55	1598.36	3602.22	1963.17	1178.93	3762.49	1474.19
2018	21325.13	5204.68	1871.53	1006.91	1658.36	3596.38	1948.53	1142.05	3549.82	1346.87

说明：资料来源于鹏城社区档案室

1995—2018 年鹏城人均消费结构比例表

表 5　　　　单位：%

类别 年份	食品类	衣着类	日用品类	医疗保健类	交通通信类	教育类	文化娱乐类	居住类	其他类
1995	31.80	5.90	19.40	2.60	5.30	3.70	1.30	26.50	3.40
1996	36.00	10.00	16.60	4.20	9.80	6.00	3.20	10.30	3.90
1997	34.70	9.80	15.00	4.00	14.30	5.90	2.90	7.40	6.00
1998	31.40	7.50	12.90	5.60	11.60	6.00	3.60	11.10	10.30
1999	35.20	7.70	14.60	4.30	13.70	4.40	4.40	11.20	4.50
2000	30.30	8.40	15.10	2.40	16.30	5.60	3.30	10.40	8.20
2001	25.90	8.10	21.10	7.20	17.60	7.80	3.10	8.50	0.70
2002	24.70	8.50	6.40	6.60	13.70	6.10	6.10	14.10	13.80
2003	31.20	9.30	6.20	8.10	15.70	8.30	3.90	8.40	8.90
2004	27.83	8.86	6.02	7.75	15.28	8.34	3.90	12.83	9.18

续表 5

年份 \ 类别	食品类	衣着类	日用品类	医疗保健类	交通通信类	教育类	文化娱乐类	居住类	其他类
2005	27.52	8.69	6.05	7.69	15.89	8.50	4.48	14.16	7.02
2006	28.89	9.02	5.76	8.47	17.28	8.63	4.51	11.47	5.97
2007	29.15	8.92	5.03	8.32	16.82	9.11	3.92	13.29	5.44
2008	29.49	9.57	5.18	8.82	17.93	9.75	4.65	8.78	5.82
2009	26.62	7.91	6.01	9.78	18.97	11.16	4.94	10.59	4.03
2010	26.18	9.61	5.66	8.55	17.53	10.0	4.83	11.23	6.33
2012	22.02	8.82	8.08	8.68	16.71	9.59	4.63	13.94	7.53
2013	21.05	8.58	6.15	8.18	16.88	9.44	3.97	17.53	8.22
2014	25.19	8.99	4.75	7.33	17.14	9.15	4.92	15.98	6.55
2015	24.97	8.57	4.27	8.05	17.78	9.27	5.33	14.23	7.53
2016	23.59	8.77	5.29	7.66	16.24	9.41	4.88	18.34	5.81
2017	23.85	8.65	4.40	7.43	16.74	9.12	5.48	17.48	6.85
2018	24.40	8.78	4.72	7.78	16.86	9.14	5.36	16.65	6.32

说明：资料来源于鹏城社区档案室

◉ 衣食住行

服饰

鹏城社区居民在穿着方面既保留着中原汉族的传统，长期穿用汉族款式服装，又因地制宜，在某些方面加以改革、创新，有自己的独特性。在通常情况下，服饰以朴素、方便、实用、耐穿为原则。

新中国成立前，鹏城村村民的衣料主要是自织自染的月布、粗洒、线斜、茜鸡乌等，还有机织布红口长青和乌口长青、绸布等。粗洒用以缝制蚊帐，线斜用以缝制被单，月布、茜鸡乌为通用粗布，长青为优质布，绸布是有钱人家的奢侈品。衣料颜色多为黑色、青色、暗红色等。最普遍的服式为唐装便服。男装上衣开襟，7 纽 4 袋（有的还加内袋）或 5 纽 2 袋。女装上衣为右边开纽大襟，外面无袋，只在内小襟缝制 1 袋。男女裤大体相同，均为阔裤裆、宽裤脚。裤脚多用带子束缚。少数人穿劳动装、中山装。少数女士、女学生穿裙装。新中国成立后，由于经济发展迅速，服饰变化较快。衬衫、青年装、中山装、列宁装等很快普及，布料多为织棉布。改革开放以后，人们开始接纳西装、牛仔服、T 恤等主流服饰，衣着与世界服装潮流融汇。

男式常服

男式对襟短衫。俗称唐装衫，结构造型简单，主要特征为上窄下宽、无领或浅领、窄口长袖。

中长对襟衫。俗称唐装外套，式样大体与对襟短衫相似，所不同的是比短衫更长更宽，衣服下摆呈扇形，多在春秋两季或冬季天气稍冷时穿用。

马褂。是常穿的外衣，一般与长袍配套穿，长袍在内，马褂在外。

长袍。是常穿的四季常服，其上部像衣，下部像裙，长可及脚踝。用料一般为灰色或黑色棉布，纽扣为布结制成。

短褂。也称背心，为天热时所穿常服，多用白色或灰色等浅色棉布缝制。这种短褂又分大襟和对襟两种，衣领可有可无。其特点是裁制简单，轻便耐穿。

大裆裤。是传统下装，造型简单、式样单一。

裤腿。这种裤腿只有两条裤管，可以直接套在大裆短裤腿上，再用带子固定。与长袍配套穿。

水裤。也称短裤，短裤制作简易，穿着方便舒适。

女式常服

大襟衫。为常穿上衣，分为短衫和中长衫两种。短衫一般在夏、秋季穿用，中长衫为冬、春季穿用。年轻女子偏爱短衫，年纪大的喜穿中长衫。两种大襟衫的制作方法和基本式样相同，只是在长短、宽窄上略有差异。

传统妇女服饰（2016 年）

衬衣。一般为对襟长袖，其特点是紧身、窄长袖、无领、布纽扣，多用素色和白底条花棉布缝制。

褂夹。是春、秋季常穿的一种内装。可穿在衬衣外面，再套上外衣；也可穿在外衣外面。褂夹由双层布料制成，大襟、无袖，夹层亦可衬上薄棉。

夹袄。是春末夏初或秋末冬初时常穿的内装，一般穿在衬衣与外衣之间。多由双层布料缝制，有的在夹层衬上薄薄的棉花。

大裆裤。同男士常服。因大裆裤宽松，穿起来舒适，特别适合在田间耕作时穿着。

抽头裤。是一种简易紧身裤，因其裤头上褶边，包着布带子（俗称裤头带），穿用时需将裤头带抽紧打结而得名。其制作、样式简单，裤管比大裆裤较窄，穿着舒适，多用蓝、灰色棉布或花布缝制。

儿童常服

婴儿衫。客家婴儿的内单衣叫婴儿衫，又叫虾仔衫，内层绳子由腋下开口穿出，系扎在背部打结。

婴儿裤。又称虾仔裤，婴儿 4 个月至 1 周岁左右穿，一般用较薄较软的棉布做成。

蛙裤。为婴儿 1 岁前后穿用，其样式与婴儿裤相反。婴儿裤前片长，扇形部分遮住胸腹，而蛙裤则后片长，扇形部分遮住背脊。

和尚衫。与虾仔衫相比，和尚衫稍长稍宽，其穿着与虾仔衫一样，先将里层绳子由腋下穿出，再于背部系紧打结。

儿童大襟衫。样式与成人大襟衫相同，只是尺寸不同，但花色亮丽。式样不分男女，制作较宽大。

肚兜。又叫肚褡子。式样一般为三角形或扇形，用双层棉布缝制而成。3 个角缝上带子，穿用时分别挽在脖颈上和背部打结。

鞋 早年村民在田间劳动，尤其是远行或上山割草砍柴时，多穿皮垫鞋。此种鞋俗称“皮鞋”，也叫草鞋，主要用一块长方形皮块做成。其前头有一小扣扣住第二个脚趾，中间系一带绊住脚掌。解放后，村民以穿布鞋为主，间穿塑料凉鞋、拖鞋、皮鞋。改革开放后，皮鞋基本普及。

帽 常规帽。过去，鹏城村男性冬季偶有戴布帽、毡帽者，而女子所戴头帕与凉帽则独具特色。头帕俗称“包头”，用 1 块长 1.2 米、宽 0.5 米左右的黑布或长青布做成，并缀以系带。头帕以不同的饰边颜色区分未婚或已婚女性。包头既有护发、挡日、防寒之用，又含掩面遮羞的传统理念。20 世纪 60 年代以后，逐渐以方形印花头巾代替包头，且只限于冬季天冷时才戴。进入 21 世纪，包头只有中老年妇女偶用。

大鹏凉帽。大鹏半岛气候炎热，凉帽为常年必备的劳动保护用品。大鹏凉帽用细竹篾编成，底是正圆形平板状，边缘上卷成沿，像一个平底圆盘，中间留 1 个圆孔，外圈直径 0.5 米，中间圆孔约 0.01 米。这一部分的形状及制作与周围地区客家妇女所用的凉帽完全相同。但是凉帽四周所用垂饰布料的颜色与客家凉帽的黑色不同，这里全用蓝色垂饰，凉帽顶部一般也不用竹篾本色，而是涂成大红色。大鹏凉帽造型轻巧，它区别于其他竹笠的是帽檐垂下一圈的 0.02 米长的布帘。随风飘逸的布帘，可遮挡直射双眼的阳光，同时又遮掩半截脸。大鹏凉帽凉爽、轻便、美观、实用。

大鹏凉帽完全手工编制而成，制作技艺分为原料准备、竹编、做帽帘和帽带 3 个步骤，竹编分为编织凉帽的外圈、编织凉帽中心的圆孔、上帽檐、刷油漆 4 个阶段。制作凉帽的竹子要用篾刀剖成像纸一样薄的篾条，每一条都要保持一样的宽度、厚度，编制时要做到既紧密又平整，编织不同的图案和用丝线编织帽带时，都须遵循一定的口诀，如一步上、一步下，一步上、三步下等。心灵手巧的居民还在凉帽上编出各种图案，主要有鱼骨花和同字形花两种，并用丝线或彩色毛线编织两种帽带。一种是用丝线编织的丝织带，以白色、黄色、绿色、大红、金黄、桃红六种颜色的丝线，用带筒、带翘等工具编织而成。两端是彩色流苏。带子上织有菱花、梅花、三角花、小乌龟花等图案。另一种帽带是用不同的彩色毛线，像妇女编辫子似的编成，使大鹏凉帽成了精美实用的工艺品。2016 年，大鹏凉帽制作工艺入选区级非物质文化遗产名录，传承人为黎建新。

制作大鹏凉帽（2016 年）

饰品 过去，男人极少戴饰品。妇女头上梳发髻，发髻上别着用金属、骨头或玉石制成的簪子，如赴隆重场面，髻上还别有多种钗饰。耳环、戒指、手镯、项链等妇女首饰，多数是银质制品，少数为金质制品。中老年妇女还常戴玉镯，部分老妪戴刻有“长命富贵”的寿镯。小孩胸前挂一把银或铜的如意锁。20 世纪 80 年代以后，女性戴耳环、戒指、项链比较普遍。

解放前，村民中偶有佩戴砣表的。60 年代以后，手表逐渐成为时尚。进入 80 年代，手表迅速普及且款式多样。人们对手表品牌的选择更多，许多外来品牌的手表受到追捧。

饮食 改革开放前，鹏城多数村民平时以大米为主食，辅之以薯类、蔬菜。20 世纪 80 年代，中晚两餐仍然以大米饭为主，但佐餐有蛋品、蔬菜、鱼、肉类等。

90 年代末，随着村民收入的大幅增加，膳食结构也发生较大变化，除肉、鱼、蛋消费数量大量增加外，素食逐渐成为时尚。2000 年以后，村民日常生活逐渐由以粮食为主转变为以副食为主，尤其随着人们生活理念的改变，不再单纯追求大鱼大肉，而是更讲究食物的营养搭配，追求健康食品。

住房 鹏城社区居民住房多是砖、石、木结构，建房时先挖一米深的墙沟，用石块砌筑山墙，其高度至少至顶棚，上部用泥砖砌筑，墙体抹灰沙浆。屋顶排密檩、瓦片，瓦盖上的栋顶、飞翼和瓦坑口必须密封严实。为防急雨吹进屋内，有条件的则盖以套瓦或双重瓦。

20 世纪 80 年代后，开始盛行红砖墙、铁门窗、钢筋混凝土棚面，外墙批荡水刷石，

居民楼（2017 年）

厨房、卫生间内贴瓷片。90 年代后，村民多建新式居民楼，一般高 2 ～ 4 层，墙贴马赛克或釉面瓷块，安装铝合金窗框、豪华门。屋内结构一般有客厅、卧室、书房、储物间等。

出行 过去，鹏城村交通闭塞，人们外出只能靠步行，日常生活必需品的流通一般由人力挑夫（俗称担脚）挑运。20 世纪 70 年代，自行车迅速普及，成为村民代步工具。从 80 年代起，摩托车逐渐增多。随着社会经济的发展，2000 年前后，轿车渐次进入平常百姓家，并渐渐成为鹏城村民的主要出行工具。

◉ 婚姻家庭

婚姻 解放前，鹏城人的婚姻遵从“父母之命媒妁之言”的婚姻传统，此外又有“门当户对”“早婚早福”等传统观念。择配一般由男方家庭进行，先是请媒人到女方家征求意见，若是同意便可交换生辰八字等信息，再请算命先生测算有无相克。若无，则可以成婚。在传统社会，男女双方或许直至结婚当天才见面。早婚的现象比较突出，男性一般在 16 周岁前后成婚，女性则在 14 周岁前后。此外，还存在童养媳、等郎媳、冲喜婚、纳妾等陋俗。

1950 年,《中华人民共和国婚姻法》颁布，传统的包办婚姻被取缔，鹏城村自由恋爱风气开始兴起，婚姻仪式也开始从简。童养媳、等郎媳、冲喜婚、纳妾等陋俗开始被禁止。80 年代，新颁布的《中华人民共和国婚姻法》实施，对结婚的法定年龄有了限制，

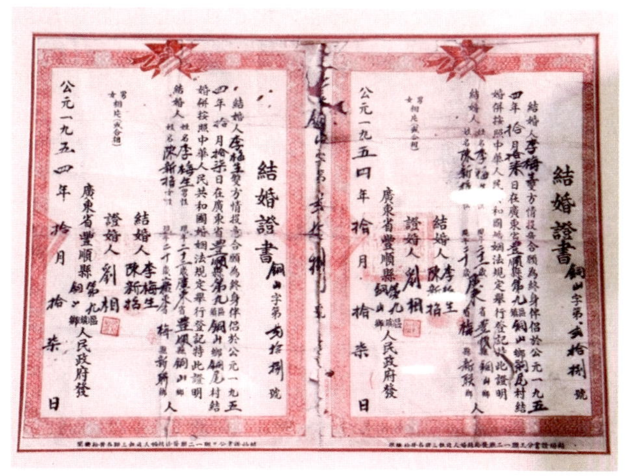
結婚證書
結婚人李梅生、陳新梅雙方情投意合願為終身伴侶於公元一九五四年拾月拾柒日在廣東省豐順縣第九區銅山鄉銅尾村結婚並按照中華人民共和國婚姻法規定舉行登記特此證明
結婚人 李梅生 陳新梅
證婚人 劉桐
廣東省豐順縣第九區銅山鄉人民政府發
公元一九五四年拾月拾柒日

1954 年的结婚证

西式婚礼开始传入，婚介所、报纸杂志成为新的择偶媒介。21 世纪后，结婚仪式更加简化，恋爱更加自由。

家庭 新中国成立前，鹏城村家庭架构庞大，人口众多，喜欢聚族而居，四世同堂甚至五世同堂的家庭存在。鹏城人有尊老的传统思想，在一个家庭中，一般年长者的地位最高，在同辈中以年龄较大者为尊。新中国成立后至改革开放前，鹏城村受到大逃港风波影响，村中大部分青年逃亡香港，一个家庭中往往只剩下妇女、儿童以及老人。改革开放后，独生子女政策开始实施，一个家庭一般只生育一个孩子。2018 年鹏城社区有 632 户，其中：家庭户 603 户，集体户 29 户。家庭户规模以 4 ～ 5 人的家庭为主，家庭类别以二代户和三代户为主。

◉ 社会保障

养老保险 鹏城村养老保险从 2003 年 11 月起实施，当年有 603 人参保。养老保险费用由村集体或改制后的股份合作公司、个人、政府共同负担。月缴纳养老保险金的数量为市上年度职工月平均工资的 60%×14%。在这 14% 中，股份合作公司（村）缴纳 9%，个人缴纳 5%。已达到退休年龄的人员和缴费年限不足的人员须补交养老保险费，按月领取养老金的城市化人员还可以同时享受综合医疗保险待遇和地方补充医疗保险待遇。至 2018 年，参保人数为 401 人。

最低生活保障 鹏城社区严格按照《深圳市城乡居民最低生活保障办法》的程序做好申请、报批、发放、后续管理工作，制定低保家庭月访表，民政员每月至少一次以上走访低保家庭，了解其家庭情况，实行动态管理，开展精准扶贫。2018 年，有低保户 4 户，发放低保救济金 3.46 万元。

◉ 闲暇生活

生产休闲娱乐

抓鱼 鹏城社区附近水系发达，人们在业余时间喜欢在附近的小溪里抓鱼，其抓获方法很多。最简单的是摸鱼，通常在石头缝间就能摸到许多鱼，直接把手伸去抓往往也能收获颇丰。20 世纪 80 年代后，由于河水渐渐受到污染，抓鱼的人越来越少。

晒鱼（2017 年）

赶海 大鹏人赶海的时间一般在每月农历初一和十六，从中午 12 时左右海水开始退潮，经一二小时即可退出许多平日浸满海水的海滩，此时是拾海螺、扒蚬仔、叉鱼蟹、捉海胆的最好时光。人们争相出动，至夜晚海水回涨时才满载而归。有时夜晚才开始退潮，人们便提着灯、拿着手电或借着月光赶海，别有一番情趣。

敲黄鱼 鹏城社区前的大亚湾海域鱼类繁多，黄鱼是其中一大类鱼种。敲黄鱼活动其实是旧时鹏城人打渔生产的一种延续，到后来渐渐变成人们娱乐消遣的一种活动。敲黄鱼需在风平浪静之日进行，一般在晚上开始。人们用敲打木板等方式发出巨大的响声，用以惊吓鱼群，受惊吓的鱼群就会四处逃窜，落入网中。

赶海（2016 年）

游客们学唱山歌（2011 年）

传统民间娱乐

唱山歌 大鹏山歌发祥和流传于大鹏地区，历经多年，是由民间传承下来，没有专门师傅，也没有统一教材传授，全凭山歌爱好者兴趣自发学会，参加活动，自我娱乐。这些山歌形成于日常生活生产中，并融入日常生活生产，渐渐地，唱的人越来越多，在同一时间和地点，你唱罢一句，我接一句，就变成了对唱，成了鹏城社区居民一项重要的业余活动。对唱山歌没有固定的场合，人们在田间劳动、上山砍柴的路上、村头院落都可以对歌。对歌的人也不局限于年轻人，老年人和中年人都可以对歌。后来，对山歌发展成"集体作战"，不同村会选定一个日子进行对垒，届时全村的男女老少集中一起与其他村对歌，场面相当热闹。大鹏山歌通俗易唱、内容丰富，长年吸收沿海渔歌、咸水歌等音乐元素，发展至今自成一脉。这些山歌有的非常古老，有的为即兴创作，通过人们的口头一代代流传并发展，形成了地名歌、问答歌、哭嫁歌、仙歌 4 种。如今，对唱山歌已经发展成了鹏城社区一旅游名片，每年都会有组织地进行表演。

看粤剧 粤剧在鹏城社区是深受老百姓喜爱的节目，一般在每次"打醮"的最后一天请粤剧班唱大戏。20 世纪 50 年代，这里诞生了《根在鹏城》等家喻户晓的粤剧节目。大鹏新区成立后，有自创本土节目《抗日英雄刘黑仔》，将刘锦进的事迹搬上舞台，再现英雄风采，以弘扬正气，教育后人。

《抗日英雄刘黑仔》粤剧（2018 年）

舞狮　大鹏舞狮源远流长，历史悠久。早在清末，水师提督赖恩爵率领官兵和群众为抗击侵略、保卫家园，以村为单位组织群众成立联防队，打出以狮为标志的旗号，以武会友。清朝末年及民国时期，土匪横行，舞狮队又以自保为己任。有时村与村之间发生矛盾，狮队亦成为械斗的主要力量。新中国成立后，大鹏辖区村村都有狮队。1995 年，鹏城村为丰富村民的业余文化生活，重新组建 8 支醒狮队。1997 年元旦，举办第一

舞狮表演（2016 年）

届“金大鹏杯”醒狮大赛。此后，大鹏舞狮队多次参加在龙岗中心广场举办的文艺晚会及各种专题晚会演出。

舞麒麟　形成于民国初期，村民每遇新春及喜庆节日，均以舞狮、舞麒麟庆祝吉祥，祈求平安。鹏城社区以较场尾麒麟队人数最多，有30多人；套路最全，有13个套路，包括练拳、耍大刀、舞棍等；还配有打击乐器，主要是锣鼓。一般于每年春节前的3个月开始习练。20世纪80年代，鹏城村舞麒麟达到最盛。之后，由于经费无着，且年轻人多转向舞狮，舞麒麟活动基本停止。

现代健身娱乐

下象棋　不少鹏城人都喜欢在业余时间下象棋，这些活动尤其受到老年人的欢迎。平时街头巷尾、茶余饭后，居民三五一群下象棋娱乐的情景很常见。

游泳　在鹏城社区，游泳是一项极为普及的健身运动，个别居民还是游泳健将。

打乒乓球　20世纪50年代，鹏城学校开始将乒乓球作为学生体育活动项目之一。因其对场地要求不高，可参与性强，男女老少都能打，所以，鹏城村民也逐渐参与其中。2000年以后，鹏城各村均建立村民活动中心，并设置乒乓球台，使这项运动更加普及。

爬山　鹏城社区附近有多座山，旧时交通不便，如要前往坝光或葵涌都得翻山越岭，渐渐地居民练成一套爬山的好本领。改革开放后，交通改善，爬山逐渐变成了居民的一种休闲活动。

打篮球　鹏城社区有多个篮球场，每年各村之间都会举行篮球比赛。

广场舞　主要在鹏城社区文化广场进行，一般每天晚上时间一到居民便会聚集在一起跳广场舞，还有专门聘请的舞蹈专家指导跳舞，吸引着越来越多的人参与其中。

艺文杂记

鹏城村历史悠久，风光秀美，孕育了一批文人墨客挥毫泼墨、填词作赋。具有地方鲜明特色的大鹏山歌，成就了鹏城绚丽多彩的乡土文化。

◉ 艺文

诗词歌赋

大鹏东山寺

〔明〕王德昌

不到东山二十秋，西风藜杖又重游。
烟霞有约山如在，岁月无私人白头。
檐卜花飞深院静，菩提树荫古坛幽。
丹梯欲上应长啸，遥望汪洋天际浮。

捐修城垣告竣

〔清〕李可成

设险当年事，迁疆日就芜。
倾欹存旧垒，缔造建新图。
鼓漏宵传堞，山光晓拥郛。
金汤犹未恃，辑众在交孚。

日暮泊舟

〔清〕张玉堂

日暮寒风起，江头夜泊舟。
推篷对明月，落木感新秋。
隔浦蝉鸣树，何人笛依楼。
来朝挂帆去，浩荡大江流。

初秋新晴

〔清〕张玉堂

昨夜听疏雨，今朝喜乍晴。
梧桐一叶下，秋色满江城。

日出晓云散，风来爽气生。
莼鲈风味好，犹忆故乡情。

秋日登惩膺台城楼和赖都督

〔清〕张玉堂

南楼登眺日，秋色正平分。
碧痕拥沧海，青山横白云。
运筹清四野，挟纩浃三军。
万里烽烟息，旗常伫勒勋。

大鹏山歌摘录

茶果歌

欧进兴、罗育灿整理

大鹏山歌有多好，今日唱条茶果歌
大鹏茶果有特色，不同时节不同货
佢话正月系新年，家家户户庆团圆
元农（年糕）蒸熟加红枣，食了年饭好耕田
又有米橙加米饼，油索煎堆波（球）咁圆
元宵又有糖丸仔，清甜圆润喜庆添
三月清明艾茶果，带齐心牲拜祖先
四月八做濑粉仔，海胆煮来好鲜甜
五月端阳包粽子，粽子有咸又有甜
七月十四完田节，割来新米做禾串
禾串茶果五寸长，祝福田地多产粮
八月十五食月饼，月也圆来人也圆
九月重阳去登高，发糕蒸好乐陶陶
十月朝来犁禾稿，慰劳耕牛做糍粑
十一月做冬大过年，菜馅角茶果吃不完
祝寿就做红寿桃，结婚就做红绿丸

还有油麻地豆羹，“搅水”蒸成九重天
又有咸甜“喜高仔”，“擦茶果”加“赖镬边”
大鹏茶果唱唔尽，幸福生活万万年

凉帽情歌对唱

罗育灿、卢水根整理

男：凉帽烂啰！阿妹！
等哥有钱买顶新。
凉帽又新人又靓，
靓过宋朝穆桂英。
女：新买凉帽拣蓝边，
阿妹爱哥拣心坚。
阿哥送帽妹中意，
爱戴就戴一百年。

男：新绣花边花打芽，
有情爱娶大鹏嫲（姑娘）。
会编凉帽织带仔，
又会耕地又理家。
女：凉帽折边一行行，
嫁郎要嫁有情郎。
莫挑米筛千只眼，
要学鸳鸯伴池塘。

男：石上抛钱石下音，
听闻阿妹好歌音，
戴顶凉帽如仙女。
唱条山歌似黄莺。
女：戴顶凉帽把歌唱，

唱出日头对月光。
唱出麒麟对狮子，
唱出金鸡对凤凰。

男：新买凉帽栋心穿，
蓝布围边花带安。
凉帽送给阿妹戴，
问妹心中宽（欢）不宽（欢）。
女：哥送凉帽用漆油，
丝线绒兰两绣球。
两边花带心连结，
时时挂在妹心头。

合：哥有意来妹有心，
两人好似线和针。
凉帽布边连丝线，
丝线一生跟枚针。

◉ 传说轶事

摸夜将军 清道光三年（1823）年前的一个晚上，三更已过，鹏城人已入梦乡，刘起龙带着几个护卫亲兵摸黑赶回家，城门却已关上。卫兵说："将军，要不要撞城门？"刘起龙阻止道："不要扰民。爬墙，看看我们水兵的攀墙功夫！"说罢，各人施展拳脚，身如壁虎，敏捷地攀贴墙壁而上，眨眼爬到垛口，然后轻身落在城内墙脚下。忽然，黑暗中一声吆喝："干什么的？"刘将军回话道："回家太晚，城门关了，只好爬墙……"更卒起初以为是小偷，现在看见这几位是军人模样，教训了一句："以后不得翻墙！"便打更而去。

第二天，值更头领获知刘起龙将军入城不扰民之事，非常感慨。原来，每到年节，大鹏城镇守在外地的将军和出洋巡航的将士都回城和家人团聚，却往往有好些将军提前派人通报，然后威风凛凛衣锦还乡。尤其是有的人要求城里张灯结彩，家家设案燃香，将军轿子经过，鞭炮相迎。鹏城县丞，设宴款待，鞍前马后，不敢怠慢。将军们在城居家期间，县官更是提心吊胆，生怕出事，加紧巡更，维持治安。然而，刘起龙不一样，他每次回城不张扬，不扰民。久而久之，“摸夜将军”之名便被传开。

巧训舅父 刘起龙的舅父立了战功，升为将军，变得十分傲慢，每次从外地回家，飞马报信，要上迎下送，耍足派头。刘起龙讨厌这种作风，怎奈他是自己的舅父，只能想个办法旁敲侧击。一天，刘起龙冒雨回家为母亲祝寿，晚上到家已成“落汤鸡”了。母亲心疼地嗔怪道：“你当什么将军，总是偷偷摸摸回家。看你舅父也是将军，回家多气派呀，前呼后拥，在全城人面前多长脸！而你……究竟你们俩谁的官大？”母亲无意的一句话，让刘起龙心生“巧训舅父”一计。母亲生日的早上，许多亲友陆续来了，偏偏舅父同以往一样迟迟未到。刘起龙说有要事出去一会儿，拿出一件蟒袍和一双靴子要母亲替他放好。老母亲不知是计，见官袍和靴子有点潮湿，于是叫下人放在太师椅上，摆在大门内的前庭上晾晒。

不久，舅父来了，大家都到门口相迎。只见这位将军大摇大摆进门，傲视众人一眼，正要高谈阔论，忽见耀眼的袍、靴，顿时惊讶，定睛一看认出是圣上所赐之物。见物如见主，他扑通一声，双膝跪地，对着袍、靴高呼：“皇恩浩荡。吾皇万岁，万万岁！”他生怕得罪这圣上赐物的主人，大气不敢出一口，跪着不敢起来。众乡亲见状，大吃一惊，想不到这位不可一世的将军也有下跪的一天，大家不明就里，也纷纷跟着跪下。

原来，刘起龙为守卫海防，屡立军功。清道光九年冬，道光召见刘起龙，御赐了蟒袍与金钱靴。

正当舅父猜想袍靴是哪位将军之物时，刘起龙回来了。刘起龙见状，假装责怪母亲怎么将圣上赐物放在庭前当众晾晒，然后连忙收起袍、靴，扶起舅父。舅父见圣物竟是晚辈外甥的，方知自己在鹏城并不是“老大”，从此再也不敢耀武扬威。

龙井的传说 位于鹏城东门外200多米处的龙头山下，井体呈圆筒形，深近7米，直径1米多，为弧形花岗岩条石所筑，至今有170多年历史。关于龙井的来由，民间有这样的传说。有一年，大鹏半岛天旱地裂，庄稼颗粒无收。人们饿得没办法，便到海边捕捞。鹏城村的一位老人在大亚湾捕捞了一整天，到了傍晚才捕到了一条小鲶鱼。老人正欲将小鲶鱼放入背篓带回家，忽然听到了小鲶鱼像人一样说话了：“我是南海龙王的小公主。请你放我回海，我一定重重报答你！”老人非常惊奇，看到小鲶鱼泪流满面，就

大鹏龙井牌坊（2016 年）

生了怜悯之心，把小鲶鱼放归海里。小鲶鱼入海后，跃出水面对老人说：“老人家，感谢你的救命之恩。这一带天太旱了，我送你们一口井。”顷刻之间，乌云滚滚，电闪雷鸣，大雨倾盆而降。当即，龙头山脚下裂开一条缝，清流淙淙如同水井。后来，人们有感于“龙女报恩”，就把龙头山下的这口水井命名为龙井。

井水治病　刘起龙为官数十载，大部分时间是戎马生涯。每逢佳节，身在外地的刘起龙总是怀念家乡和亲人，但最令他难忘的是家乡的龙井，一年四季，如龙吐玉液，滋润着鹏城百姓。有一次，他在外染上恶疮，百般医治都不好。后来他回到了家乡。乡亲们知道他病了，给他挑来龙井水。刘起龙见到龙井水一勺一勺地喝起来，然后又一桶一桶地往身上淋。刘起龙从未感到如此痛快。说来也奇怪，第二天，身上的恶疮就不痒了。就这样，到了第十天，刘起龙身上的病就全好了。

水神庙传说　大鹏所城南门外的龙头山麓，有一座水神庙，是为了纪念一位仙姑而建。明嘉靖年间的一年五月，风雨大作，致使海潮大溢，围堤决口。一时间，海水吞没了城外的良田，而城中的民房也被冲得摇摇欲坠。面对如此大劫，百姓只得聚集于龙头山上面海跪拜，祈求龙王开恩。忽然雷电大作，百姓以为将有更大的灾难降临，吓得不知所措。正在这时，汹涌的海面上出现了一位白衣仙姑和一位金

龙井（2016年）

甲神，他们驾着云彩，飞向鹏城上空。只见仙姑轻启樱唇，吐出一颗龙眼大的珍珠。她将珍珠往下一抛，一道银虹闪过之后，金甲神挥手朝海堤方向一划，汹涌的海浪竟在须臾间平静下来，而海面也立刻后退，一直退到海堤外的沙滩上。所城得救，百姓无不感激涕零。这时，白衣仙姑和金甲神却倏然隐没了形迹。这一年，庄稼大获丰收。为了感念仙姑和金甲神的相救，鹏城百姓便在龙头山麓修了一座水神庙。“文化大革命”期间，水神庙被毁。后来人们在其原址上重建了水神庙。

建城背后的“黄猄”故事　最初大鹏所城的选址并非在今地，而在大鹏半岛的南澳办事处西涌。关于所城迁址的原因，坊间流传着各种传闻，但流传最广的是一个关于“黄猄”的故事。话说当年士兵们在西涌大兴土木时，有一晚惊扰了林中名为“黄猄”的小兽，“黄猄”受到惊吓，叫声凄厉。“黄猄”音同“皇惊”，有皇帝受到惊扰之意，事情在军中传开后，军心不稳，后广州卫千户张斌将此事上报朝廷请求将大鹏所城选址更换，便有了今天的大鹏所城。

谭公庙的来历　离大鹏所城南门约300米的龙头山西麓，有一座谭公庙。谭公庙建于明隆庆年间，与一般庙宇不同的是谭公庙中的谭公既非神也非仙，更非僧道儒等名贤，而是鹏城内的一位普通的乡民。关于修建谭公庙的原因，《新安县志》上的记载与民间传说一致。明隆庆五年（1571），倭寇突然攻袭大鹏所城，当时正值冬夜，城内军民皆在睡梦中，毫无准备。正当倭寇从较场尾滩离船登岸，扛着云梯等准备偷袭所城之际，恰被夜出的谭公发现。谭公是土生土长的鹏城人，当时，谭公发现倭寇欲袭击所城，赶紧通报“舍人”（守城的将领）康寿柏。康寿柏闻知此讯，即敲响铜锣报警，并组织城内军民反击。当倭寇爬着云梯登上城墙时，早有准备的军民即挥舞兵器痛击，并将云梯砍断。倭寇屡败屡攻，而所城军民也同仇敌忾，顽强奋战。当时倭寇将所城围得铁桶一般，双方的拉锯战一直持续了 40 余日，最后，所城军民杀退敌军，谭公在战斗中牺牲。康寿柏及所城军民感激谭公的报信以及他英勇献身的精神，修建了谭公庙。在谭公庙的大门刻一副对联：“迹著龙峰昭万古，恩流鹏海播千秋”，以寄托鹏城百姓对谭公的怀念。从此，人们四时在谭公庙里敬以香火。“文化大革命”时期，谭公庙被毁。后来人们在其原址上重建了谭公庙。

◉ 碑记

刘起龙“古之遗爱”碑碑文

太子少保兵部尚书总督闽浙部堂愚弟孙尔准，兵部侍郎巡抚福建提督军务愚兄韩克均，提督福建学政内阁学士愚弟陈用光，署镇闽将军统辖陆路副都统愚弟富亮，福建提督陆路等处地方军务愚弟马济胜，署福建水师提督军务愚弟陈化成，提督广东全省水师军务愚弟李增阶，福建兴泉永分巡兵备道愚弟倪琇。

刘起龙“古之遗爱”碑（2016年）

刘起龙“功名碑”碑文

正面碑文：公之会明，祖讳闰高，生芳，皆诰赠如公。秩母黎氏，诰赠一品夫人。本生父讳仕开，貤封武显将军，南澳镇总兵。生母陈氏，诰封夫人。嫡配林夫人乃林文学鹏高公女，副室陈氏、潘氏。子二人：长重亮，现任大鹏营左哨头司把总；次盛桂，庶母陈氏出，幼学。孙祖全，长子重亮出。兹因勒石爰并志以垂不朽云。皇清诰授振威将军刘起龙立。背面碑文：尝思莫为之前虽美弗彰，莫为之后虽盛不传。故人之丰功伟烈欲信今而传后者，未有不勒碑刻铭以垂永久。况秩秩大猷，并蒙保障，为朝廷所倚赖如振威将军云齐刘公者乎！公讳起龙，字振升，号云齐，广东新安县人也。英年从事戎行，嘉庆八年，得通仕籍，垂三十年，驰驱王事，兢兢业业，鞠躬尽瘁以报效国家。至道光六年擢升福建提军。叨蒙赐恤，叠授恩荣。方冀享遐龄，应厚实以乐天年，乃忽然长逝，遽召玉楼，于道光十年正月十二日告终福建提督任所，享年五十有九岁。道光十一年岁次辛卯仲春花月谷旦。

刘起龙“御祭文”碑碑文

皇帝谕祭病故原任福建水师提督刘起龙之灵曰：鞠躬尽瘁，臣子之芳踪；赐恤报勤，国家之盛典。尔刘起龙，性行纯良，才能称职，方冀遐龄，忽闻长逝，朕用悼焉，特颁祭典，以慰幽魂。呜呼，宠锡重炉，庶沐匪躬之报；名垂信史，聿昭不朽之荣尔。如有知，尚克歆享。

刘起龙“御祭文”碑（2016 年）

清振威将军赖英扬墓志铭

显考云台府君，乃广州府新安县之大鹏所城人也，生于乾隆戊戌年十二月初十日戌时，少而肆业读书，长则投笔从戎，历拔大鹏营外委，获盗著劳，升补把总，坐驾楼船，身先士卒，擒获郛石二等洋盗三百八十二名案内，升授水师提督中营千总，署理广海寨守备，调署提标右营守备，署理洲营都司，阳江镇中军游击，兼获阳江镇总兵印务。续署海门营参将，题升碣石镇中军游击，历升平海营参将，署理龙门协副将。道光十一年五月，内统带官兵剿办崖州黎匪，善后事宜告竣，旋奉奏署琼州镇总兵，续署香山协副将，奏升澄海协副将，署理碣石镇总兵官。道光十八年正月初一日，钦奉上谕补授浙江定海镇总兵官，是年五月内到任，十九年二月内陈请终养未遂，旋于三月初一日接到讣音，因刘太夫人在籍仙游，随报丁忧回籍守制，经营窀穸，竭尽孝思。不料道光二十年四月内忽患气喘病症，调医罔效，竟于道光二十年六月初五日亥时在籍寿终正寝，享寿六十三岁，爰为之缮述生平官阶、历任用镌诸石，以垂不朽云尔。

赖太母黄老夫人墓碑碑文

皇清诰封正二品夫人显祖妣黄老夫人之墓。孙浙江定海镇总兵官英扬、大鹏营外委把总升扬、香山协左营千总信扬，曾孙龙门协副将呼尔察图巴图鲁恩爵、恩沅、恩普、恩华、恩禄、恩纶、恩隆，元孙绍贤、绍平、绍魁、绍元、绍裘等同立。清道光庚子年季夏上浣吉日重修。

中英海域权属界碑碑文

中文碑文：该界石安竖于美士湾之东岸地嘴，高出潮涨处□丈□尺，免漫潓也。即东经线壹佰壹拾肆度叁拾分，自此界石正南潮涨处起点，正向南至与北纬线贰拾贰度九分会合处，向北沿美士湾一带海岸。大英一仟九佰二年，管带霸林保兵舰水师总兵官力，会同本舰员弁等，勘明界址共立此石界。

刘钟墓碑碑文

大明武略将军刘公、宜人杜氏之墓。公讳钟，生于戊寅八月二十九日戌时，终于癸亥年正月初一日。宜人杜氏，生于甲寅年八月二十二日庚时，终于戊子年八月初六日。合葬于祖山松林末坤山丑艮向之原。清光绪元年岁次乙亥重修立三大房子孙仝祀。

刘钟墓碑碑文（2011 年）

参戎许总爷去思碑记

古有不忘，必志铜柱之勒，示丰功。古僻隘，揍潦荒芜，我朝始立营汛，镇宵匪。雍正四年，加升将秩，以重军权。当是任者，才略始石大总爷许讳国腾，以勋华胄子，经纬兼才，夙侍圣祖，宸泽光辉有日。今天子宠命，历任海疆，讳韬钤盛著，调任鹏营，靖共率属，爰以礼义，画为干橹，修明军纪，并播德威。廉介由其天性，赏罚出于至公。凡水务谙悉、才技长者，必行拔擢而于行阵。竞加操演，饷赡给时，体下爱人，同其甘苦，是以士饱气扬，而彼鲸影绝，桑麻扬茂，弦歌相闻，向之僻隘者，今且以舒。几属有生，无不欢欣鼓舞，即古之伏波太傅，空远益州，何以边焉。顾德懋声隆，犹敢宁谧自安，仍得简练整饬，尽竭乌裴，夙夜匪解，明信当道鉴知，昨岁荐炎入现，天颜俞悦，今夏特授澄海协帅，成例拂许借寇，吾侪闻命，既喜具忧，如失怙恃，虽澄鹏均属粤境，由是建节全省，沾恩有日。然而，爱公厚泽，文母孔迩，倏离孺抱，恋慕之。歇绝已之。爰述其概，勒诸贞民，亦之铜柱山之遗，以垂不朽。雍正拾年岁次壬子孟秋谷旦下沐恩阖营弁兵……（以下署 82 人姓名）等同立。

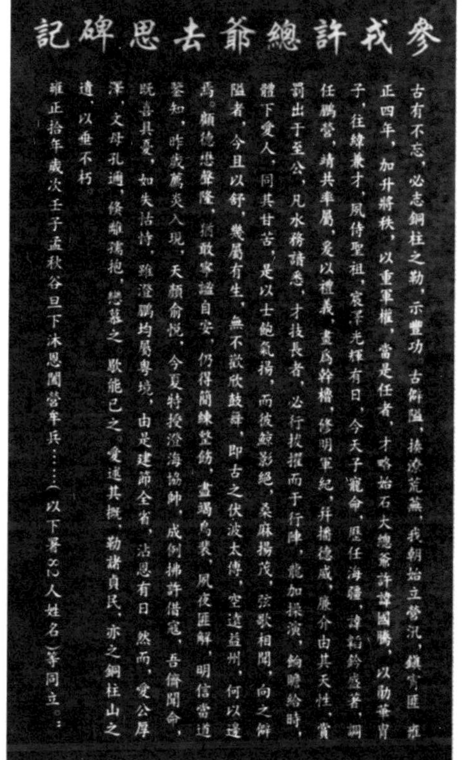

参戎许总爷去思碑记（2011 年）

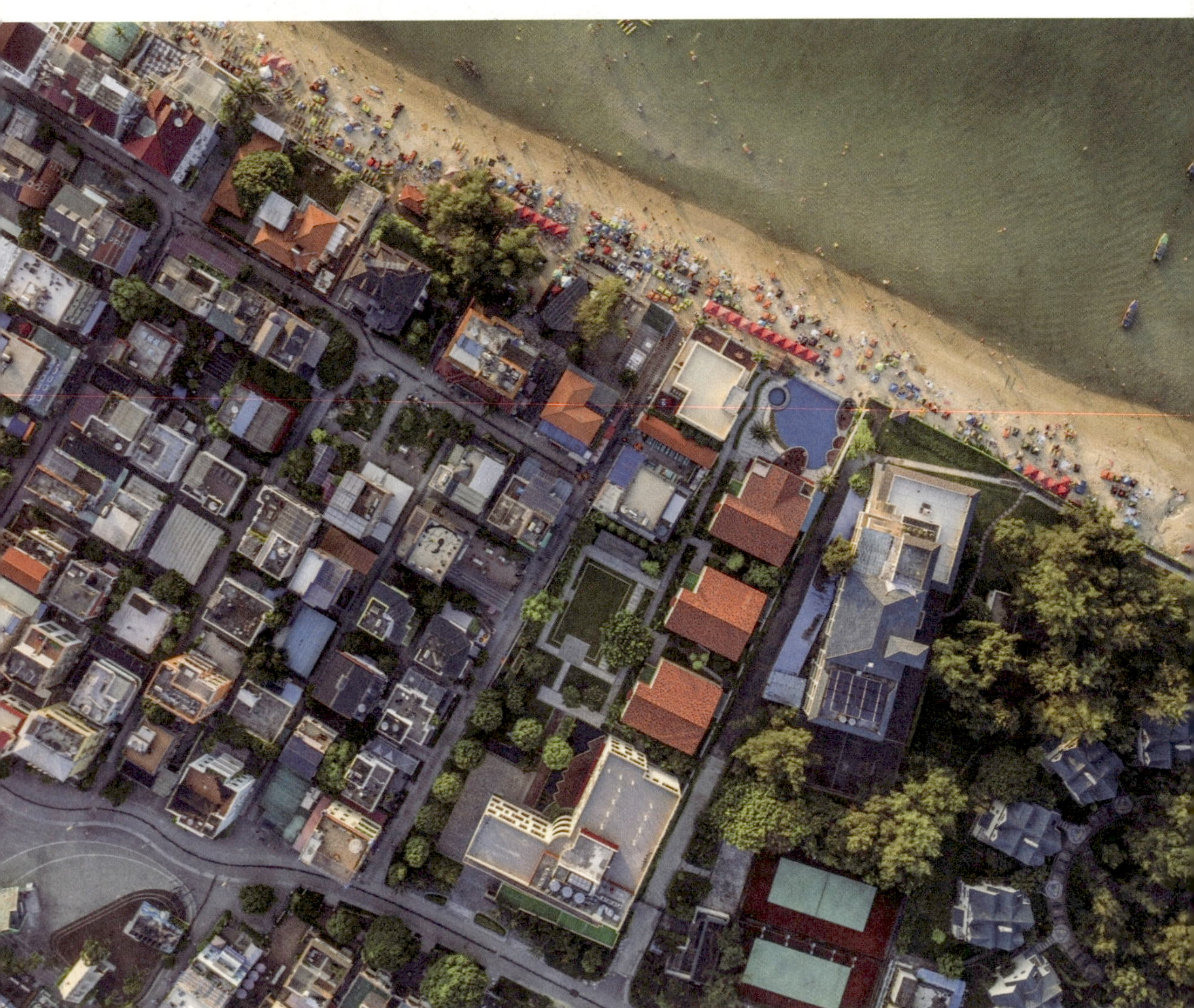

美丽较场尾

风土民情

鹏城社区物阜民丰，风土民情淳厚。因地处广东三大民系（广府、客家、潮汕）的交会点，美食、礼俗、信仰、语言等均颇具特色。以大鹏鲍鱼、大鹏濑粉仔为代表的特色美食名扬周边一带。大鹏特有的民间习俗——大鹏追念英烈（大鹏太平清醮）活动，是中华民族优秀传统活动之一。这些乡风民俗汇集着鹏城人祖祖辈辈的历史智慧，成为现今居民丰富多彩生活的一部分。

◉ 美食特产

美食

大鹏濑粉仔　主要流行于大鹏半岛及周边区域，尤其以鹏城社区为代表。大鹏所城建成后，明朝廷从全国各地调来军官士兵聚集于此，因当时军士多来自南方各省爱吃米粉，但是因为军营条件有限，人们因陋就简，将大米浸泡后，用石臼舂成粉，再以生熟粉混合，加凉水调成浆，直接盛入椰壳中，在椰壳下面钻一个 0.02 米左右的圆孔，手执椰壳不停摇晃、抖动，米粉浆就会从孔中流到下面铁锅的沸水中，煮熟后放上油盐调料，即可食用。当地人称这种以手摇动椰壳，让米粉浆从孔中流出的动作为“濑”，以这种方法制作的米粉为“濑粉仔”。民间有一种说法，相传清道光十九年（1839）9 月，赖恩爵指挥九龙海战抗击英军入侵取得重大胜利。捷报传来，赖恩爵夫人亲自下厨制作濑粉仔，慰劳胜利归来的将士，从此濑粉仔名声大噪。2014 年 6 月，入选大鹏新区非物质文化遗产名录，传承人为赖秋兰。

一碗濑粉仔好吃与否，首先取决于其原材料和制作工艺。大鹏濑粉仔用的是本地的粘米（民间称冬米），水分较少，米粒饱满，所以做成的米粉口感好。在工艺上，大鹏濑粉仔的碾磨用的是大鹏山水磨，使得米浆更加幼滑，做出来的米粉就会筋道。其次，汤底的味道更是濑粉仔的精华所在，除了平常会用猪肉、猪骨熬制以外，还用上海虾、干贝等龙岐湾的海产品，将汤底熬至粘稠，使濑粉仔变得鲜美软滑。上面再铺上一层猪肉、香菇、虾等材料，一碗地道正宗的大鹏濑粉仔就制作完成了。

大鹏濑粉仔（2017年）

大鹏米饼（2017 年）

大鹏米饼 大鹏米饼传统手工制作技艺主要流行于大鹏半岛周边地区，在明洪武及明永乐年间逐渐形成。明清时期，倭寇、海盗、匪贼猖獗，所城将士常年东征西讨，行军打仗常需携带干粮。大鹏所城兵士多为南方人，广东又主产水稻，以大米为主食。但大米做成的饭食既不便携带更难保存。一些军人家属便将大米磨成粉，以水调和做成饼，放在铁锅里，用柴火烤熟成为米饼，不但便于携带更能保存较长时间，大家纷纷效仿。大鹏所城流传着一首《大鹏米饼歌》：“九龙海战奏凯歌，鹏城军民齐庆贺。支援前线送米饼，保障干粮装满箩……”，可见当时将士们吃的干粮就是米饼。2016 年，入选区级非物质文化遗产名录，传承人为余进如。

在数百年的传承过程中，米饼已从单纯的军粮逐步融入人们的日常生活中，鹏城社区居民在春节等节日及婚丧嫁娶等民俗活动中，都流行制作米饼，并对制作技术进行了改良。在制作过程中，人们把粘米用开水浸泡半小时后捞出放入铁锅中，用柴火炒，直至将米炒黄。用石磨将炒黄的米磨成米粉，把红糖放入铁锅中加水煮开溶成糖水，花生放入铁锅炒熟打碎成颗粒状。用米粉置瓦盆中，加入糖水，然后以手用力搅拌、和匀，加入芝麻、花生颗粒。再将制备好的米粉装入木模中，以手压实，放到桌上用木锤锤紧密后倒出。最后，在铁锅里放上用铁丝编成的筛子，筛子上铺一层粗草纸，将一个个米饼半成品摆在草纸上，盖上盖子，用文火烘烤 20 分钟，米饼便做成。

将军鸭 将军鸭菜肴的形成与大鹏所城有着密切关系。相传，这道菜在早时一般不轻易上桌，只有逢年过节或是打胜仗以后，将军才会下令开设宴席，这道令人垂涎欲滴的将军鸭才会出现在大家面前。将军鸭一般选用本地鸭，本地鸭肉质紧密，香味不流失，鸭子蒸好后淋上特制酱料即可。

将军鸭（2017 年）

窑鸡 所谓“窑鸡”，其实是鸡的一种做法。用 1 ~ 2 千克的土鸡宰杀、洗净后掏空腹腔，塞入葱、沙姜、蒜、香菇等佐料，用锡箔纸严实包好。等窑上的瓦片烧到泛白时熄火，将包好的鸡放进窑里后即把窑弄塌，在窑上覆一层厚厚的泥土或沙子防止热气散发。由于窑鸡是焖制而成，水分不会流失，各种佐料的香味会渗透到鸡肉里面，使得鸡肉鲜嫩够味，香酥四溢。

窑鸡（2017 年）

白灼红虾仔　红虾仔为野生海虾，一般生活在海底的沙地，是大鹏半岛周边特有的海产。红虾仔味道鲜甜，肉质细嫩，最好的吃法是白灼，这种吃法的最大特点是可连壳带肉一同吃下，可尝到红虾仔特有的鲜香味。

白灼红虾仔（2018 年）

婚宴三炸　是指炸鱼、炸鸡翅、炸猪肉的组合，是大鹏人婚宴上会出现的一道菜。精选的鳗鱼、鸡翅和新鲜猪肉，裹上特制的粉浆放进油锅，炸至金黄就可以出锅。因为用的是特制的粉浆，所以炸出来以后表面也不会很粗糙，沾上酸梅酱以后，可以消去油腻感。

婚宴三炸（2018 年）

盆菜　鹏城社区的盆菜极具特色。它汇聚香港盆菜和客家盆菜的特点，而又有所区别。鹏城社区盆菜讲究“和气”，因盆菜多是逢年过节的菜肴，所以“和气”就显得尤为重要。这种“和气”主要体现在包容的烹饪方式上，食材结构可以随意变换，让人享用美食时也能感受到其乐融融的“和味”。器皿里面承载着经过煎、炸、烧、煮、焖、卤后，层层装盆而成的美味，食材多由鲍鱼、扇贝、螃蟹、虾、鸡肉、鸭肉、猪肉、香菇等十几种原料构成。

盆菜（2018 年）

特产

大鹏海胆　大鹏海胆大的直径 0.08 ~ 0.09 米，小的直径 0.04 ~ 0.05 米，布满尖刺，每根刺约有 0.03 ~ 0.07 米长。由于鹏城社区边的海域水质好，所产海胆色泽金黄，肉质鲜嫩细滑，味道清甜鲜美且营养丰富。每年农历三四月，是海胆最肥美之时。“无钱买鸡蛋，餐餐食海胆”是在当地流传甚广的俗语。海胆吃法多样，可与鸡蛋同炒，可蒸煮，还可以做成粽子。

大鹏海胆（2017 年）

大鹏响螺　又称“香螺”，渔民常用其壳作吹号，由于声音洪亮而得名。大鹏响螺螺顶尖长，壳面为茶褐色，又因“大”而闻名，长度一般都超过 0.08 米。大鹏响螺肉质肥美，吃法多样，一般去壳取肉后与西芹一齐炒制。

大鹏鲍鱼　大鹏鲍鱼一般吸附在海中石排峭壁上，是一种具有很高营养价值的海产品。鹏城所产的鲍鱼壳面呈暗褐色或青绿色，开口大，有一个坚厚的石灰质贝壳，形似耳朵。因其肉质厚实，许多餐厅都习惯与鸡一齐炖煮，做成一道特色菜“鲍鱼炖鸡”。此外，清蒸鲍鱼亦受广大食客喜爱。

清蒸鲍鱼（2019 年）

大鹏紫菜　其体态为叶状体，紫色或褐绿色。形状随种类而异，含有丰富的蛋白质、碘、磷、钙等营养物质，主要生长在海边的石头或石崖上。鹏城社区海边日常氧气充足，水质干净含氮量高，适宜紫菜生长。过去，人们常常将采摘的紫菜放在火炉上烘干制作成紫菜干，现在人们习惯将紫菜与鸡蛋花煮成汤食用。

大鹏紫菜（2017 年）

大鹏云雾茶　主要生长在大鹏半岛的深山上，富含茶碱、茶丹宁、维生素等。其茶味色、香、味俱全。

大鹏花蟹　又名梭子蟹、枪蟹。其头、胸甲呈菱形，两侧带长刺。善游泳，常群栖浅海海底。花蟹含有丰富的蛋白质及微量元素。花蟹肉质鲜甜嫩滑，一般的吃法是清蒸，这种吃法最能尝出其原有的鲜味。

大鹏云雾茶（2018 年）

◉ 岁时节俗

春节　俗称“过年”。进入农历腊月中旬，各家各户便陆续开始做过年的准备，如做新衣裳，买新帽新鞋，晒制“蒲米”“扁米”、粉干，炒米磨成饼粉等。

腊月二十三，俗称“入年架”。此日一到，人们便收起刀镰，不再上山砍柴割草，故有“入年架，刀镰挂”之说。还有“入年架，说好话”的俗谚，即自此日起，人们说话必须斯文有礼，忌粗俗野蛮撒谎。是日，最重要的是送灶君爷，家家户户在灶君神位前摆放糖饼、茶果、年橘等，烧香点烛敬奉。

腊月二十四到腊月二十九，男人抽空购置年货，妇女在家打扫洗刷，准备过年物品。

大年三十，上午人们准备丰盛午餐。下午放爆竹，贴春联。傍晚，全家吃团圆饭。此外，饭前饭后，还有用柚叶、石菖蒲、竹叶煮成的“年香水”洗浴的习惯，人们认为小孩洗了长高长大，老人洗了添福添寿。浴后换新衣、着新鞋，家长给小孩压岁钱，以示“过新年人人有钱”的好兆头。是夜，灯火通明，称“点年光”，一直点到年初四。年三十晚要“守岁”，一家人坐在一起，吃饼食果品，一直“守”至子夜零时，便点燃大串爆竹，以示除旧布新，迎春接福。

年初一早晨，小孩向长辈恭贺，长辈赐利是（红包）。是日，不杀生、不洗衣、不倒垃圾。舞狮、舞龙、舞麒麟在锣鼓声中走上大街表演，然后走家串户拜年。

年初二，俗称“开年”。这天一早，人们置办祭品祭祖拜神，做丰盛饭菜，隆重开年。为争得“人勤春早”好兆头，各家各户早早开席吃“开年饭”。

年初三，俗称“赤口日”“穷鬼日”。是日，家家户户打扫几天来的果皮豆壳爆竹纸

贺春节活动（2017 年）

屑等弃物并烧掉，称“送穷鬼”。

年初四是探亲日，出嫁女儿要回娘家探亲。

元宵节 农历正月十五，俗称“正月半”“灯节”“开灯晚”。是日，家家户户做汤圆（糖丸）和肉食（元宵肉）奉神祭祖。入夜，在大门上挂灯，孩子则提各式各样彩灯

闹元宵活动（2016 年）

玩耍。凡上一年生了男孩的人家要举行点灯仪式，庆贺添男丁。此外，当日在大鹏所城内会举办各式各样的庆典活动。

天穿节 农历正月十九为天穿节（亦称天穿日）。据传，这一天是女娲补天的日子。为了纪念女娲，人们用米粉做成大而薄的粉饭，用针线在上面连缀，祭天之后放到屋顶上，谓之“补天穿”。因该节接近二十四节气中的雨水，人们常在这一天祈求风调雨顺，后逐渐演变为“屋无穿漏”的涵义。该习俗一直保留至今，有“做死唔（不）够补天穿”的俗语流传。此日，妇女在家做茶果，挑其中几块大而薄的茶果，蒸熟或煎熟后，插上针线祭祀一番。

清明节 是日，人们一是做清明茶果，即把从野外采来的艾草、苎叶、鸡屎藤叶经浸泡洗搓舂烂后加糖，拌入糯米粉作包子皮，用萝卜干、花生、芝麻混合做馅，捏成包子蒸熟。二是扫墓祭祖，俗称“拜山”。三是踏青，即趁明媚春光到野外游玩。也有人专在清明这天到山上采摘各种植物嫩叶（谓之“采青”），用来制作百草茶（亦称清明茶、咸茶）。

完田节 农历四月初八，春耕农忙结束，人们为庆祝农事顺利，拜祀田伯公，祈求好收成。祭祀田伯公的茶果叫“禾串饭”，其制作方法是：先将米粉揉搓成条形，放到米筛里用手按扁，上面便印出无数凸凸点点，再贴到禾笛竹长条形叶子上蒸熟，象征稻穗又大又长，能得到好收成。

端午节 农历五月初五，俗称五月节。端午节要拜神祭祖。各门户插艾草，据传可避邪。屋中烧硫黄，以驱蛇、虫、鼠、蝎，防疫弭灾。应节食品有粽子，粽子分咸粽、灰水粽。端午节时，天气转热，人们喜爱到河、海游泳，俗称“洗龙舟水”。“龙舟水”一指端午时节常进行龙舟竞渡，鹏城社区居民会在当日参加赛龙舟活动；二是指天上降雨；三是大鹏地区海域此时早潮最大，向称龙舟水。民间又认为洗龙舟水能医治皮肤病，且这天任凭水浸雨淋也不会感冒，故端午节期间，男性村民都到河海里去畅游，妇女则三五结伴到河溪僻静处洗濯或在家淋浴。

盂兰盆节 农历七月十四，亦称“鬼节”。适逢夏收结束，故又称“完田工”。此时农民收获新米、新芋，于是宰猪杀鸭，酿酒做茶果，拜神祭祖祀田公，饮宴一番，松弛一下筋骨。故民谣云：七月十四，伸腰畅气；美酒一盅，补补元气。

中秋节 农历八月十五，俗称“八月半”。是日，家家户户拜祭祖先。特色节日食品有月饼、香糕以及花生、柚子、菱角等。入夜，摆月饼、瓜果拜祭月亮，俗称“奉月光”。

赛龙舟活动（2011 年）

之后，全家一边赏月一边享用节日美食。小孩将灯笼里的蜡烛点亮，穿街过巷，唱儿歌。此外，东山寺会举办水灯祈福活动。

重阳节 农历九月初九，俗称秋祭日。是日，全族公祭祖先。该祭祀活动规模较大，参加人数较多。祭祀后，合族老少聚餐，以加深宗族各成员之间的亲情。大鹏地区的祭祖与登高望远活动常常是次第进行，人们常常登山观赏金秋美景，青少年喜扎风筝放飞取乐。

十月朝 农历十月初一，又称“十月朝”“祭祖节”“冥阴节”，是中国传统的祭祀节日。应节食品为糍粑。糍粑由蒸熟的新糯米粉捏成包皮，包进爆米、炒花生拌糖舂成的馅而成。民间有“十月朝，糍粑碌碌烧”的说法，又有“十月朝，毛蟹担断腰”之说，因此时河蟹（俗称毛蟹）肥美，鹏城社区河溪里有大量毛蟹下海繁殖，人们常设簖拦截捕捉。

冬至节 是鹏城社区较隆重的节日。是日早晨，人们杀鸡宰鸭，拜祭祖宗神明，点烛烧纸，放鞭炮。应节茶果有起糕粄、菜头角（也叫萝卜粄）、粄头等。

◉ 民间习俗

婚俗

大鹏婚俗礼仪既保留了中国古代传统礼仪，又融合了多种文化元素。大鹏人的传统婚俗在一些基本程序上与全国其他地区的婚俗没有大的区别，如“父母之命、媒妁之言”，验算生辰八字、下聘金、择吉、亲迎、拜堂、宴客、闹洞房、回门等。不过，即使在如此繁缛的礼仪中，大鹏人还是加入了与其他地方不同的“节目”。其中，唱哭嫁歌、对歌是大鹏婚俗礼仪与民间文学、民间歌谣及民间音乐的结合，使整个婚礼既庄重又不失生动活泼。2012 年，大鹏婚俗入选大鹏新区非物质文化遗产名录，传承人卢水根。

探人家　旧时，鹏城一带的男子在长大成人时，父母便托人做媒，寻访适当人家未婚女。媒婆向女方父母说明男方家庭情况、男子年龄、品貌等。若女方父母同意，便可进行相亲，称为“探人家”。一般情况下，“探人家”主要是女方父母邀请亲戚前往男方家观看男子相貌，了解其人品和家境。而男方需设宴款待女方亲人，并赠送红包和礼品。若双方无异议，女方将女儿出生年、月、日、时（俗称“生辰八字”）写在红帖上送往男家，请算命先生“合八字”，如认为“合”，婚姻就算确定。

崇九　中国古代历来对“九”有一种特殊的崇拜，这种崇“九”文化，在大鹏婚俗

大鹏婚俗（2011 年）

中表现十分明显，择定吉日良辰要有九，聘金数额要含九，嫁妆件数要是九，迎亲人数也要九，衣服也要九，寓意婚姻的稳固长“久”。

唱哭嫁歌 女子出嫁前，往往要唱哭嫁歌。每天从上午到半夜，都由伴娘陪着边哭边唱，内容多为不忘父母养育之恩、长念乡里姐妹情、今后孝敬公婆、顺从丈夫、善待姑嫂邻里等。在其他客家地区，新娘也要唱哭嫁歌，最少唱三天，最多唱七天。而大鹏女儿的哭嫁歌，最少要唱七天。

对歌 大鹏人在闹洞房时要对山歌。男方歌手在屋内，女方歌手在屋外。全村老少都来听歌，由男方摆糖果茶水招待。

辟邪 迎亲之日，当迎亲队伍到达女方村落或家门前，新娘的母亲要在村头或门外燃一堆大火，迎亲者须从火堆上越过，才算烧掉了邪气，可以迎亲了。

抛路引 迎亲队伍用花轿抬着新娘去新郎家时，伴娘每隔几步要扔下一小段红绳，叫“路引”，意为以后新娘回娘家时凭红绳认路。

回避 婚礼中，在新娘刚进男方家门时，新郎要“回避”。大鹏人认为，这时新郎如果“撞”见新娘就会引起婚后不和。

生育 大鹏话将初生的婴儿叫“赤孩子”。婴儿出世满月时，要“做满月”“开斋”，宴请亲戚朋友。孩子周岁时要祭祖祀神，设宴招待亲友，做“对岁红粄”，分送邻居、亲友；外祖父母馈赠礼物，其他亲朋也要送礼物。宴前，举行“试儿”“抓周”仪式。当年农历正月初十前出生、已满月的人家，要举行“上灯”仪式。首先在祠堂里吊一盏大花灯，户主抱来去年出生的男婴先向列祖列宗参拜，接着参拜长辈，长辈给“利是”表示祝愿，男婴就算正式加入宗族行列，将名字写入族谱。

寿庆 大鹏人做寿一般是每年做一次小生日，十年做一次大生日，但以做大生日较为普遍。从 10 岁“启十”起，一直做到 40 岁或 50 岁，到 60 岁以上，称为祝寿。

丧葬 大鹏一带的丧葬仪式一般程序有停尸、招魂、报丧、吊唁、备棺、入殓、出殡、安葬。每一个程序都有许多细节礼规，但因经济背景、死者寿数、尊荣情况不同而有差异。

大鹏地区与其他客家地区一样，曾流行“二次葬”。即在死者入葬后的 7 年左右，把死者的骸骨安放在一个瓦制的瓮中，这种瓮俗称“金瓮”或“金塔”，然后选取良辰吉日和“风水宝地”，修建墓地，把瓮埋起，再选日子举行“圆地”仪式。该仪式一直持续到 1997 年深圳市人民政府颁布实行火葬法令止。

建房 大鹏人把迁进新居叫“入伙”。20世纪70年代前，由于鹏城经济落后，建造住宅甚为艰难，为祈望迁进新居后能风调雨顺、平平安安，所以大鹏人非常重视“乔迁”。

新居落成后，首先请来“先生”选择“乔迁”的吉日良辰，其次着手准备“入伙”工作。比如购红布挂在大小门上，谓之“驱邪”。制作或购买红色花旗灯悬挂在厅堂或厅前檐下，以增加喜庆气氛。购置油灯3盏，置米斗之上放在厅堂，以求平安。在大门和其他较主要的门户贴对联和门神。“入伙”之日要请亲朋好友前来祝贺。

80年代后，建造新居的人越来越多，但人们对入新居礼仪仍然十分重视。因为交通便利，远道的朋友、同事均在邀请之列，所以宴会动辄几十席。因新居仪式包含着“进火”涵义，故新居宴席均是在新居举行。

◉ 民间信仰

妈祖信仰 妈祖是流传于中国沿海地区的传统民间信仰。妈祖文化肇于宋、兴于明、盛于清，体现了中国海洋文化的一种特质。凡出海航行前，渔民先祭妈祖，一般船舶上亦供奉妈祖神位。

大鹏所城是明清两代南海军事要塞，经常执行军事活动，祭妈祖就成为驻军将

祭妈祖（2013年）

士的一项重要祭祀活动。相传清代名将刘起龙和赖恩爵以及大鹏营的参将、守备、千总等常到天后宫拜祭。在民间，人们也有祭祀妈祖的习惯。因鹏城靠海，许多人以捕鱼为生，需经常出海，所以，保佑出海平安的“海神”妈祖自然成为人们祭拜的对象。许多人会在出海前到鹏城天后宫祭拜，而每年的妈祖诞也就成为民间一项重要的节日活动。妈祖诞期间，人们齐聚天后宫举行庆祝活动，内容包括拜祭仪式、迎神出游、聚餐等。

伯公信仰 伯公又称“土地神”。古时，上至天子，下至平民，都要封土立社。鹏城人出于对土地的崇拜，称土地神为“公王”“社官”“龙神伯公”“福德伯公”等。伯公神位在鹏城社区随处可见，大鹏所城内建有福德庙，有些人还在住宅内设伯公神位，早晚上香供茶。人们在从事生产或其他活动之前，先要敬伯公。如每年农事之始，首次下田时要备果品、香烛、茶水，在路边或树旁或石壁等处，祀奉伯公；播种时要在田头烧纸，禀告土地伯公；上山打猎、建造新屋，都要敬伯公。至今流传有“入山先问伯公”“伯公唔开口，老虎唔敢食狗”“宰牛杀羊，问过公王”等民谚。此外，民间还习惯为伯公配上伯婆，让他们成双成对，专心庇佑百姓。“公公公十分公道，婆婆婆一片婆心”对联常见于各处。

四合村伯公神位（2017 年）

◉ 民间艺术

大鹏山歌

大鹏山歌是用“大鹏话”演唱的民歌，其吸收了沿海渔歌、咸水歌等音乐元素，用带粤语、客家、北方话混合口音的“大鹏军语”来演唱。相传明清守军在海边既守防打仗又种田捕鱼，在生产、生活过程中首先产生“地名歌”“问答歌”，随着军队将士打仗阵亡或营防中婚姻嫁娶，逐渐形成“哭丧歌”“哭嫁歌”。大鹏山歌演唱形式灵活，体裁内容丰富多样。2012 年，入选省级非物质文化遗产名录，传承人欧进兴。

大鹏山歌发祥和流传于大鹏地区，历经多年，由民间口口相传，没有专门师傅，没有教材，全凭山歌爱好者即兴自发而唱，达到自我娱乐目的。近年来大量外来人口移居深圳和大鹏，能听懂大鹏话的人越来越少，许多青年人对大鹏山歌无兴趣学习、传承，因此大鹏山歌处于濒临消亡境地。为保护大鹏民间艺术，打造大鹏特色文化品牌，大鹏街道从 2004 年 6 月着手制定保护措施，成立大鹏非物质文化遗产普查工作领导小组及办公室，安排专人开展大鹏山歌的普查工作，录制大鹏山歌民间音乐传人的采访录像，刻录成 VCD 保存。截至 2018 年年底，共收集 197 首，其中生活歌 67 首，爱情歌 75 首，劳动歌 15 首，婚嫁歌 16 首，掌牛歌 4 首，地名歌 3 首，仙歌 2 首，英雄赞歌 15 首。从演唱方法上分独唱、男女对唱、群唱、尾驳尾和斗唱 5 种，从修辞和句式上分有比喻、起兴、赋体、叠字和双关语 5 种，句式结构多数七言四句、五言二句和五言一句的散板。

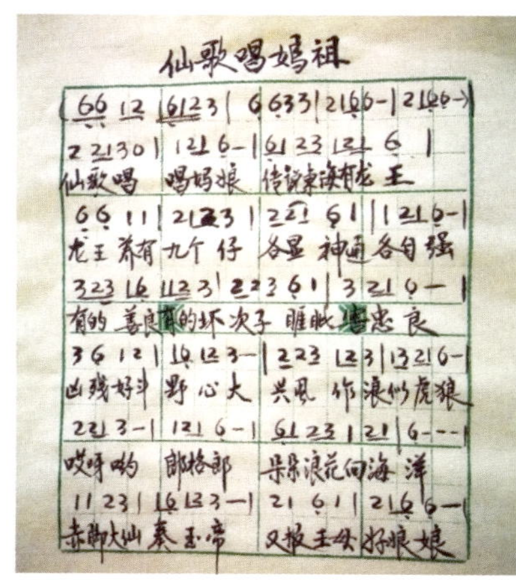

仙歌唱妈祖词本（2018 年）

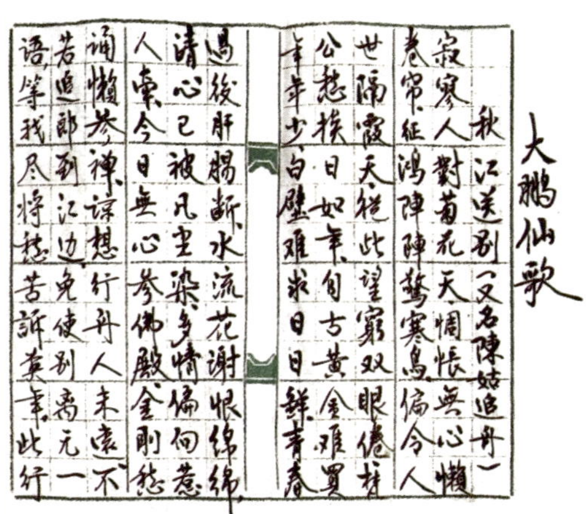

秋江送别歌词（2018 年）

大鹏山歌表演

大鹏山歌从曲调形式上分有地名歌、问答歌、哭嫁歌、仙歌 4 种。

地名歌 把大鹏的地名编成歌来唱，主要适用大鹏所城招募来的兵士记住地方名，方便生产，同时让人在地名中找到乐趣，自娱自乐。地名歌四句一首，有时偶尔会出现一字二音、三音，第二句和第四句有较长的拖腔，衬词多是“啊、呀”为主，没有重复句。地名歌曲调平实有趣，诙谐易唱，往往一首歌能唱出大鹏十几个地名。例如：上洞夹下洞，土洋行过是葵涌，叠福下沙王母洞，龙岐对面水头涌。这首地名歌歌词里上洞、下洞、土洋、葵涌、叠福、下沙、王母洞、龙岐、水头涌都是地名。

问答歌 唱词滑稽，曲调优美婉转。主要是在山间放牛、田间劳作、打柴割草或出海打鱼时男女相遇问答对歌。旧时大鹏有这样的习俗：结婚的时候，男女双方都要事先召集一群人，在新娘家门口或者村口双方对歌比输赢。有的对歌问答持续一天一夜，全村的男女老少都来听歌。问答歌基本上是一字一音，有时偶尔会出现一字二音、三音，四句中第二句和第四句有较长的拖腔，比较规整，都是四句一首。例如唱问：乜也（什么）上岭尾拖拖？乜也石上晒绫罗？乜也着出花衬领？乜也唱出海南歌。答唱：布狗（狐狸）上岭尾拖拖，鹧鸪石上晒绫罗，斑鸠着出花衬领，画眉唱出海南歌。

哭嫁歌 姑娘出嫁时唱的歌。大鹏地区习俗，姑娘出嫁前 7 天不能出家门，待在闺房由同村的好姊妹（未婚青年）陪伴，当地俗称“伴坐娇”。村里有人来探望或看新娘，出嫁女要唱哭歌，但并不悲伤，唱词全是对亲朋好友感恩、感谢的话，唱得多了，出嫁女没词时，“伴坐娇”要轮着提供唱词。歌词、曲调只有一个乐句，一字一音，接下来一个哭声即“哑哈”（切分音）。尾句一个高八度唱“噫”。例如：“爹娘好啊哑哈，噫……对我有恩情哟哑哈，噫……一生报不尽哩哑哈，噫……来生补你情啦哑哈，噫……我嫁佐人后哑哈，噫……会孝顺公婆哇哑哈，噫……”旋律依次反复。

仙歌　即叙事歌，可说可唱，夹叙夹议。歌手多在农闲时节，村人树下纳凉或下雨天下不了地，三五人聊天休闲时，用大鹏话和快板式的曲调清唱。唱的题材和内容多为叙述古今、当代的名人、名事等。

大鹏山歌从表现内容上分有劳动歌、爱情歌、掌牛歌和生活歌 4 种。

劳动歌　大鹏劳动山歌常见有唱农事节令山歌，从正月唱到十二月，每个节令农时耕作口诀、谚语由山歌演唱传承农事技术。此外，《忆孟姜》较为特别，从正月唱到十二月，每个月农历时节忆孟姜女，四句式七言，但第一句均为五言，如：“正月是新年，橙柑桔果摆神前，一对鸳鸯摆两边。二月是白花，白花开架满楼台，担梯去望涯（我）英仔，一双飞去两双回。三月是清明，见家见户拜山坟，有仔（子）坟头贴白纸，留一粒被孟姜来。”

爱情歌　唱词有四句，亦有少数五句格式，没有固定不变的曲谱，多是根据唱词字句音调清唱。题材可以唱物、唱情、唱景或借事借物暗喻等。一群青年男女在山上劳作，利用休闲时间，各占有利地势，一问一答，妙趣横生。起歌首句多以“妹又好”“哥又好”为起子对歌，部分村庄亦以“姑妹”“兄哥”为起子。情歌多以男女恋情为主要题材，渔家人常以大海、鱼、虾作为比兴和借喻。例如山上放牛的小伙儿看见对面山坡的阿妹，随口唱出：“远远睇妹隔条坑，昨晚听闻亚妹驼女或驼男，驼男返归打颈练，驼女返归打耳环。哥远睇妹身着乌（黑衣服），行前睇妹有丈夫，若无丈夫嫁我好，等我裙仔染蓝衫染乌。”又如“细细同妹掌过牛，折支油柑插妹头，今日听闻妹去嫁，阿哥在家眼泪流”，表达青梅竹马的阿妹就要出嫁，阿哥心中悲痛万分的情景。

掌牛歌　掌牛歌多数在山边唱，音调较哭嫁歌、哭丧歌、仙歌等高，音域也较广，拖音由情绪决定拖音长短。如：“掌牛阿哥好凄凉，戴顶笠麻也无框，食人（了）几多笠麻水，淋湿了几多烂衣裳。”

生活歌　日常生活随口入歌来，见什么唱什么，想什么唱什么，充满农村生活情趣和山歌手的智慧。歌词比喻、双关、起兴、叠字运用自如，如“好唱起头难，胡椒好食种唔（不）生，丝线拿来打帽挽，结球容易解球难”“大路堂堂打洒糠，阿妹为何爱姓张，阿妹姓张哥姓柬，‘涧’水流来被妹装”。

大鹏潮俗皮影戏 皮影戏，又称“影子戏”“灯影戏”，是通过光的照射而进行表演的一种艺术形式，民间称之为“傀儡戏”。民间艺人以兽皮或纸板做成平面人偶以及场面景物，全部用手工刀雕、彩绘而成。其制作工艺复杂，从选皮、制皮、过稿（描图样）、剪刻、敷彩、发汗烫平、缀结到完成共有 18 道工序。2012 年，潮俗皮影戏项目被引入大鹏新区，引入后的潮俗皮影戏与大鹏特色文化相融合，编成以九龙海战、抗日英雄刘黑仔为背景的皮影戏，并在背景音乐中引入大鹏山歌，但仍保留潮剧的曲牌和方言等潮剧特色，形成极具地域特色的大鹏潮俗皮影戏。2013 年入选大鹏新区非物质文化遗产名录，2014 年入选深圳市非物质文化遗产名录，传承人蔡劲笋。

大鹏潮俗皮影戏表演（2018 年）

◉ 方言俗语

大鹏话起源　大鹏话的形成与大鹏所城有关。明代，中国边疆地区布满了军事卫所，聚集了大量屯田军人及家属，因而在许多地方形成了“军语方言岛”。然而，时至今日绝大部分“军语方言岛”都已消失，而大鹏话则幸运地保存下来，并依然作为鹏城人的母语在生活中使用。600多年前建立的大鹏所城，城内外居住的军队和军户家属约有3000人，而周围数十里范围，土地荒芜，人烟稀少。其士兵多半招募于广东、福建沿海一带，有的讲粤语，有的讲客家语，而军官则基本上由朝廷从北方各地选派而来，因而官与官、兵与兵、官与兵之间语言难以沟通。来自天南地北的官兵们，在一处巨大的军营堡垒中，慢慢形成自己的“普通话”——大鹏话。

大鹏话有其独特的语调，因当时大鹏所城有1200多户，1000多个籍贯，1000多种口音，所以这种语调也被称为“千音”。在古文献中，这种独特的军营专用语言系统，被称“军语”或“军话”，所以大鹏话又叫“大鹏军语”或“大鹏军话”。大鹏话虽发祥于明清时期的大鹏古城，而今已流传于王母、鹏城、下沙、布新、水头、岭澳、水贝、叠福、大鹏等村落社区和南澳办事处一带，形成一个有3万人口讲大鹏话的方言圈。

大鹏话特点　大鹏话是一种混合型方言，既呈现粤语的面貌，又具备客家语的特点，还带有北方话的口音。在语音方面，其声母部分与粤语相同，声调部分与客家语近似；在词汇方面，有的是借鉴粤语，有的是源于客家语。

大鹏话掺杂许多北方方言。比如“我恐日头晒”，“恐”字的发音与北方话极其相似，声母都是“k”。又比如“明天”，各地有不同念法，北方话念“明早”，客家话念“晨朝日”，普通话是“明天”，广州话是“天日”，大鹏话念“明早”，明显是受北方方言的影响。

大鹏话中有不少古汉语的用法。例如，人们喜欢用量词“头”，“头”是古汉语里的初期量词。又如人们把“刚刚”叫“正头先”，把“以前”叫“旧阵时”。最有趣的是，人们把“用牛耕田”不叫“耕田”，而叫“驶牛”，就是“驾驶一头牛耕田”的意思，这是典型的古汉语在大鹏话中的运用。

大鹏话发音介绍　大鹏话声母共16个，其特点如下：

（1）古全浊声母今逢塞音、塞擦音不论平仄一律读送气清音。

（2）古非敷奉母字今大部分读为 [f] 声母。

（3）古微母字今多读同明母 [m]。

（4）古泥来母今读不混，泥母字今读为 [n] 声母；来母字今读为 [l] 声母。

（5）分尖团。古精组字读为 [tʃ] 组声母，古见晓组字大部分读为舌根音 [k kʰ ŋ] 或喉音声母 [h]。

（6）古精知庄章四组今合为一类，读为 [tʃ] 组声母。

（7）古溪母字除了读为 [kʰ] 声母外，一部分开口字今多读为 [h] 声母；合口字今多读为 [f] 韵母。

（8）古心、生、书、禅母今多读为擦音 [ʃ] 声母。

（9）古邪母字多读为塞擦音声母。

（10）古日母字今多读为零声母。

（11）古疑母一二等字今多读为 [ŋ] 声母。

（12）古晓匣母除曾摄、梗摄、通摄外，合口一二三等部分字读为 [f] 声母，混同非组。

（13）古影母字今多读为零声母。

（14）古云以母字今读为零声母。

大鹏话韵母共 62 个，包括自成音节的 [m]。其特点如下：

（1）果摄一等字今多读为 [o] 韵母。

（2）假摄二等字今多读为 [a] 韵母；合口二等晓母和影母字今读为 [ua] 韵母。假摄三等字今除了章组字读为 [a] 韵母外，其余读作 [ia] 韵母。

（3）遇摄字今多读为 [u][i] 韵母。遇摄一等字及三等帮组字今读为 [u] 韵母。 遇摄三等字今多读为 [i] 韵母，与止摄字合流。庄组字今读为 [o] 韵母，混入果摄一等。

（4）蟹摄一二等有别。一等字今多读为 [ui] 韵母，二等字今多读为 [ai] 韵母。蟹摄三四等字今多读为 [ɐi][uɐi] 韵母。

（5）止摄开口字今多读为 [i] 韵母。止摄合口字今多读为 [ui][ai] 韵母。

（6）效摄一二等字无区别，今都读为 [au] 韵母，效摄三四等字今读为 [iu] 韵母。

（7）流摄字今多读为 [ɐu][iɐu] 韵母。

（8）古阳声韵字完整保留 [m n ŋ] 韵尾。咸深摄阳声韵今读为 [m] 韵尾，山臻摄阳声韵今读为 [n] 韵尾，宕江曾梗通摄阳声韵今读为 [ŋ] 韵尾。

（9）咸摄一二等阳声韵字今多读为 [am] 韵母。咸摄开口三四等阳声韵字今多读为 [im] 韵母。咸摄合口三等阳声韵今读为 [am] 韵母。

（10）深摄阳声韵字今读为 [ɐm][iɐm] 韵母（影组、疑母、日母字）。

（11）山摄开口一二等阳声韵今多读为 [an] 韵母。山摄开口阳声韵见系字一二等有别，一等字今读为 [un] 韵母，二等字今读为 [an] 韵母。山摄开口三四等阳声韵字今多读为 [in] 韵母。山摄合口阳声韵字今多读为 [in] 韵母。一二等帮祖字、见组字今读为 [un] 韵母。三等非组字今读为 [an] 韵母。

（12）臻摄阳声韵字今多读为 [ɐn][iɐn][uɐn] 韵母。臻摄合口一等阳声韵少数字今读为 [in][un] 韵母。

（13）宕江摄阳声韵字合流，今多读为 [əŋ] 韵母。宕摄开口三等端系和见系阳声韵字今多读为 [iəŋ] 韵母。宕摄合口影以母阳声韵字读为 [uəŋ] 韵母。

（14）曾摄阳声韵字今多读为 [ɐŋ] 韵母。影母字今读为 [iɐŋ] 韵母。

（15）梗摄二等阳声韵字今多读为 [aŋ] 韵母。梗摄三四等阳声韵字今多读为 [ɐŋ][iɐŋ][uɐŋ] 韵母。少数字今读为 [aŋ][iaŋ] 韵母，混入梗摄二等阳声韵字。

（16）通摄阳声韵今读为 [oŋ][ioŋ] 韵母。

（17）古入声韵字完整保留 [p t k] 韵尾。咸深摄入声韵字今读为 [p] 韵尾。山臻摄入声韵字今读为 [t] 韵尾。宕江曾梗通摄入声韵字今读为 [k] 韵尾。

部分汉字普通话与大鹏话发音对照表

表 8

汉字	普通话发音	大鹏话发音	汉字	普通话发音	大鹏话发音
我	wǒ	ō	火	huǒ	fó
情	qíng	chéng	状	zhuàng	chuāng
快	kuài	fài	空	kōng	hōng
乐	lè	luò	欣	xīn	yīn
华	huá	wá	基	jī	gī
少	shào	xiào	常	cháng	shuáng
球	qiú	kóu	迅	xùn	shùn
黄	huáng	wǎng	电	diàn	tiān
输	shū	xī	速	sù	chù

大鹏话声调共 7 个。大鹏话声调的特点：

（1）古平声字今分阴阳。古清声母平声字今读阴平 [44]，古浊声母平声字今读阳

平 [21]。

（2）古上声字今分阴阳。古清声母上声字今读阴上 [35]。

古浊声母上声字今一分为三。分别归为阴上 [35]、阴去 [22]、阳去 [55]。古次浊上字今一分为二，部分归为阴上 [35]，这类字多为口语用字或白读字；部分归为阴去 [22]，这类字多为书面语字或文读字。古全浊上字今一分为二，部分归为阳去 [55]，这类字多为书面语字或文读字；部分归为阴去 [22]，这类字多为口语用字或白读字。古浊上字存在文白分调现象。

（3）古去声字今分阴阳。古清声母去声字今读阴去 [22]。古浊声母去声字今读阳去 [55]。

（4）浊上归阴去。古浊声母上声字多归入清声母去声字，读 [22]，表明大鹏话的声调在向简化的方向发展。

（5）入声分阴阳。古清声母入声字读阴入 [4]。古浊声母入声字读阳入 [5]。

大鹏话词汇 大鹏话的词汇丰富，特点鲜明。

热头——太阳	火蛇——闪电	落水——下雨
水浸——发水涝	天光——天亮	奞地——旱地
田塍膊——田埂	大水——洪水	河边——河岸
红毛泥——水泥	洋油——煤油	几时——什么时候
一世——一辈子	旧年——去年	往年——过去的年份
大后日——大后天	上昼——上午	宴昼——中午
下昼——下午	齐黑——傍晚	做冬——冬至
通胜——历书	哪定——什么地方	屋企——家里
上高——上面	门后——外面	入去——进去
翻来——回来	散纸——零钱	白果——银杏
冬菇——香菇	银仔——硬币	油麻——芝麻
地豆——花生	椰菜——包心菜	角菜——菠菜
投圩——赶集	金瓜——南瓜	螂篱——蜻蜓
蜂糖——蜂蜜	乌蝇——苍蝇	水鱼——甲鱼
蛤乸——青蛙	蟾蜍——癞蛤蟆	耳吉——耳朵
利——舌头	膊头——肩膀	大指公——大拇指

手指尾——小拇指	店头——商店	抵食——合算
折头——折扣	唔抵食——亏本	银纸——钱

谚语

鹏城人在长期的劳动实践中认识到许多自然现象或社会生活的内在规律，并总结出很多宝贵经验，形成具有鲜明地方特色的谚语。

无风起浪鞋柴角	险过涛娘刮紫菜
艄公多，打烂船	上树保哥，落树保仔
鸡公啼冇事，鸡乸啼斩头	千拣万拣，拣只烂灯盏
秋霖夜雨，禾仔督督企	台风不回南，重来不过三
九月九，打场台风唔怕丑	天放黄，大水打眠床
唔到芒种，棉被莫落笼	亲戚唔当近邻，近邻唔当对门
水落石出，人穷力出	冇食冇人知，冇着被人欺
事大事小，见面就了	冇角唔成田，懒人耕到圆
狐狸唔知尾下臭	银钱无限好，婿郎大过丈人佬
斧头打凿凿打木	相请唔食，买卖争毫厘
挑担冇假，把戏冇真	行郎饱，坐郎饥
针冇两头利	山中冇老虎，马骝为大王
抓鸡唔知屎出	狗上瓦坑势必有路
老虎骑牛大做作	睇人食肉，唔好睇人劈木
死鸡撑硬颈	唔识字，学人睇告示
同人唔同命，同伞唔同柄	出门睇天色，入门睇面风
有功冇功，唔好被肚空	

歇后语

盲佬点灯——白费油	烂板斗船——唔上港
大路倒洒蟹——横行	疍家佬打老婆——走上舵
阎罗王开邮局——鬼信	单眼仔睇老婆——一眼睇晒
探亲半路丢罗格——失礼	黄鳝上沙滩——唔死脱身潺

◉ 大鹏追念英烈习俗（大鹏太平清醮）

习俗源流 大鹏所城在古代为新安县的海防重地，战事连年，为国捐躯者无数，民间常定期祭悼爱国将士英灵，逐渐形成大鹏古城盛大祭祀仪式——“大鹏追念英烈习俗”，后称之为“大鹏太平清醮”。大鹏太平清醮的起缘与600多年前建筑大鹏所城有关。相传大鹏所城建有东、南、西、北4个城门，开光（使用）后，北门一带发生瘟疫，人畜死亡，引起百姓恐慌。建城头领马上派人请来风水师，认为北门是白虎门，故堵上该门，请来道士“打醮”做法事，以保佑人畜平安、四季和顺。此外，大鹏所城自明清以来一直为海防重地，战事不断。大鹏太平清醮相当一段时期内主要为纪念阵亡军士和超度海上罹难的孤魂“瘟醮”。后来战事减少，仿佛处于太平盛世，所以又做“太平清醮”。

“大鹏太平清醮”每5年一次，每次在农历正月初一至十五期间挑拣日子举行，每次为期7天，截至2018年底已举行近百次。其间，一度停止40年。1986年，村民以及港澳同胞集资重建天后宫，太平清醮活动复办，规模也越来越大，因此该活动影响至周边的东莞、惠州、汕尾等市及附近的澳头、龙岗、坪山、葵涌、南澳等镇和街道。2006年12月，“大鹏追念英烈习俗”（“大鹏太平清醮”）入选深圳市人民政府公布的第一批非物质文化遗产保护名录，2007年入选省非物质文化遗产名录，传承人黄福娣。

打醮流程 “大鹏追念英烈习俗”是大型的民俗活动，每次参加人数达数千人。由村中德高望重的人组织，严格按照流程进行，分为设坛开醮、打醮、将军宴三部分。

“大鹏太平清醮”的醮坛设在鹏城天后庙门前空地上，预先搭建起长12米、宽6米、高3米的竹棚，横额书“太平清醮”，两侧对联书“天恩浩荡千载颂赞礼，后德巍峨万

巡游（2014年）

寿永无疆”“神恩浩荡潮鹏海，圣德巍峨溯蒲田”。天后庙侧街亦搭一牌楼，上书大鹏太平清醮宗旨“风调雨顺，国泰平安”。醮坛外彩旗迎风招展，醮坛内设大香炉鼎1座，纸扎马6条，纸扎龙2条，纸扎银鸡、白鹤、凤凰各1对，纸扎凉亭、宝塔各1座，纸扎大船小艇各1条，纸扎花轿6顶，纸扎金库、银库各1座，纸扎金鼓、银鼓各6个，纸扎金斗、银斗各1双，纸扎八仙桌椅1套，纸扎茶壶茶杯饭碗9套，纸扎金萝、银萝1担，纸扎金桶、银桶各1对。以上物品摆进棚坛称“进醮”，然后用松树针叶撒地叫“铺坛”。在距天后宫醮坛数十米处，置一葵棚，棚中立1个高2.5米的“山大佬”纸人，俗称“山大人”。其面如铜铁，眉浓头方，目怒脸长，口宽鼻大，大腹便便，身披甲袍，背上插满五色令字三角旗，臂肘强劲，足腿粗壮，穿着高黑靴，大步跨开，整个身躯均以5色纸粘而成（全身躯以竹子为框架），肃穆威严。据传它能挡灾降福纳千祥，小孩若摸摸“山大佬”手中的笔或其肚脐，长大就会写文章，满腹经纶。

打醮第一天：迎神坐坛。由7位僧人带着香火、香灰，和追念习俗“理事会”数人及数百名群众，举旗扬幡，挑着彩篮，随着锣鼓，燃放爆竹，舞麒麟，从天后宫请出妈祖，到祖庙祠堂请列祖列宗神主，建坛进表。乡间笙歌古乐八音班吹打，舞麒麟、放爆竹，在香炉鼎前，由僧人引领焚香叩拜，祈神纳福。拜天后娘娘，拜祭“军事古城历代将士英魂”。僧人身穿红色袈裟，敲击木鱼，引众打坐诵经7天。全体吃斋7天。主事人手擎香烛，代乡亲父老虔诚祈福，口念祈愿神明保国保民，祖上将士英灵保佑子孙后代丰衣足食，健康长寿。

打醮第二、三、四、五天：早朝幡，诵经，拜祭，吃斋菜，晚朝幡。每天换新鲜水果等祭品，主事人带领数人守护，添油点香，日夜不断。其中的第二天举行“抢包山”，即用面粉做成几千个馒头，每个馒头点上植物食用色素的“红点”，蒸熟，依次排列和挂稳在底座2.5米宽、高6米的竹制圆竖塔上，形似“包山”。然后村里挑出数位青年，在两座“包山”上比赛，谁摘的“包”多，谁就平安多福。经祖先庇佑的“平安包”分发给亲人或现场老人、小孩吃，保岁岁平安。爬包山，由锣鼓助威，舞麒麟助兴，竞争不相上下，场面气氛热烈。

打醮第六天：阿公巡游（又叫行香），意思让“先人将士”知道族人今天的繁荣兴旺情景。僧人引路诵经，乡村中寿星公、长者贤老，带头簇拥天后妈祖等神像，童男童女两人擎着“掌扇”，村人高举“回避”，让路通行，数人扮作张果老、吕洞宾、何仙姑、铁拐李等八大仙人，后随舞麒麟，沿途敲锣打鼓、唢呐奏乐巡游鹏城7个自然村和古战场遗址。从天后宫的祭坛出发，至各个村子之间数千米距离用炮仗连接，点燃后炮仗声和锣鼓声震天价响，巡游队伍浩浩荡荡，甚为壮观。为及时通知下个村子，有位穿着古装战袍，佩戴长剑，像当年军士一样，骑着白马提前飞报，这个被称为“报主”，各村为犒劳“报主”，往往封红包打赏。

打醮第七天：主要仪式是送神祈福。僧人诵经，在香烛中将妈祖神和列祖列宗神灵护送回宫庙、祖祠，把包括“山大佬”等各种纸扎人像请到海边焚烧升天。焚烧前，主事人在临时香案桌上摆放祭品，人们随着麒麟舞，在鞭炮声中行三叩九拜礼，然后点火燃烧“山大佬”及凤、鹤、马、船等纸扎模型。接着遣船、放灯，村里每人一个红色纸折小莲灯，点上蜡烛，放在海上慢慢漂去，同时将小鸟放飞天空，将海鱼放归大海，把祝福和愿望带给每个亲人。

打醮结束后，开斋吃荤，摆“将军宴”。将军宴是鹏城社区独有的大型传统宴会，源于赖恩爵将军，最初是将军逢年过节或打仗凯旋时，设宴款待归来的将士和四方乡邻。“将军宴”时杀猪宰羊，宰鸡鸭，磨豆腐，届时全城百姓都来吃，外地来人亦见者有份，因此俗称“千人将军宴”。“将军宴”华贵丰盛，做工精巧，包括官酒、明清菜式12种。菜式包含长命菜（酸菜）、将军黄金块（烧猪肉）、豆腐丸子、肉丸、炒面、云菜、炸鸡翼、炸猪肉、白切鸡、猪皮、大杂烩等，极具大鹏特色。

几百年来，人们一直通过“大鹏太平清醮”这一盛典，传承道家“和”（和谐）、佛家“善”（施予）、儒家“忠和孝”、妈祖“同舟共济、救死扶伤”等中华民族优良传统。特别是在祭奠爱国将士亡魂，激发群众发扬爱国主义热情，建设精神文明、和谐社会等方面具有积极的作用和较强的现实意义。

千人将军宴（2018年）

名人与名村

鹏城人杰地灵，尚武卫国的传统在这里世代沿袭。清朝中后期起，西方列强加紧了对中国的入侵，在危难之际，鹏城诞生了以赖恩爵为代表的一批爱国将士,抗日战争期间又出现了刘锦进等革命英雄。多少年来，这些先贤忠贞卫国的精神和挚爱本土的遗风，一直深深影响着当地的广大民众。

◉ 人物传略

赖世超（1752—1832） 清新安县大鹏城人。先在地方任文职官吏，后弃文从武，不久升任千总。因战功彪炳，得到朝廷的赏识，镇守琼州（今海南岛）。在镇守琼州期间，对来犯之敌予以严厉打击，得到当地老百姓的爱戴和拥护。清道光十年（1830），任闽粤两省武举主考官，封为武功将军，诰封武义都尉，御赐蓝顶花翎。赖世超后，赖氏代代习武，报效国家，三代出了五个将军，后世称为“三代五将”。长子赖英扬为振威将军，三子赖信扬为建威将军，其孙赖恩爵为振威将军，赖恩锡为武功将军。

刘起龙（1772—1830） 字振升，小名阿十，清新安县大鹏城人。行伍出身，熟知水性。早年在大鹏营从军。清嘉庆八年（1803）授平海营右哨把总，后任香山协千总。清嘉庆十五年，随提督童镇为首围攻海盗邬石二于儋州新英外洋，生擒邬石二，诛杀邬石大、邬石三，俘获战船 18 艘、海盗 382 人。战斗中，他身先士卒，勇猛作战，战功卓著。清嘉庆十七年，调升水师提标右营（新安营）守备，不久任东山营守备。清嘉庆二十年调任硇州营守备，同年升为虎门水师中右营中军守备。清嘉庆二十二年调升南澳镇总兵，封振威将军。每逢回家，从不扰民，总在半夜三更进城，被当地百姓称为“摸夜将军”。清道光六年（1826）升为福建水师提督。清道光十年正月，驾船巡洋时不幸殁于海上。根据他生前心愿，遗体运回家乡安葬。道光“钦赐御葬”，并亲笔撰写《御祭文》。生前好友陈化成等书写《古之遗爱》悼之。

赖英扬（1778—1840） 字虎臣，号云台，清新安县大鹏城人，赖世超长子。少年时读书，后投笔从戎，始任大鹏营外委，不久升补为把总。清嘉庆十五年，随水师提督童镇在海南儋州新英外洋围剿海盗。清嘉庆十八年升任水师提督中营千总，署理广海寨守备，嘉庆赏赐“头等出力”银牌一枚。清嘉庆二十二年任虎门营中将守备，后调署提标右营守备，奉命督造镇远、大虎二炮台。后擢升为阳江镇左营守备，调任香山协右营守备，署理硇州营都司、阳江镇右营都司，不久升任海口协中军都司，署理阳江镇中军游击。其后署理海门营参将，碣石镇中军游击。清道光七年任平海营参将，署理龙门协副将。清道光十一年五月，带兵镇压海南岛黎族人民起义，留任琼州镇总兵。后署香山协副将、澄海协副将，署事碣石镇总兵官。清道光十八年任浙江定海镇总兵，晋封振威将军，御赐蓝顶花翎。清道光十九年母亲刘太夫人病逝，回家守灵。清道光二十年病故。

赖恩爵（1795—1848） 字简廷，清新安县大鹏城人，赖英扬长子。少得祖母刘夫人教诲，事亲极孝且天资聪慧，文武皆通。清嘉庆十四年随父入伍，历任士兵、把总、千总、守备、都司、游击等职。清道光十八年补海门营参将。清道光十九年九月，奉林则徐之命，率水师兵船 3 艘进驻九龙湾，禁绝走私鸦片的英国人粮食、柴水等供给。在英军船舰的突然袭击下，指挥水师兵船及炮台官兵英勇还击。经 5 小时激战，击沉英舰 2 艘，打死打伤英军 30 余人，英舰大败后退入尖沙咀。随后又令水师烧毁了英商鸦片趸船多艘。由于他在九龙海战中战绩卓著，受赐“呼尔察图巴图鲁”（满语，勇士之意）称号，并赏戴花翎，晋升为副将。农历十一月，奉广东水师提督关天培之命，带兵移守大屿官涌炮台，分兵 5 路于尖沙咀官涌截击英军。10 天 6 战，击沉英舰 2 艘，把英军逐出尖沙咀海域，取得了中英穿鼻海战的胜利。清道光二十一年被提升为南澳镇总兵，后多次平定海盗。清道光二十三年升任广东省水师军务提督，晋封振威将军，御赐红顶花翎。清道光二十六年倡议修筑九龙寨城，并率先捐款，次年九龙寨城建成告竣。清道光二十八年因积劳成疾卒于任上，葬于大坑上村。清光绪三年（1877），迁葬于大鹏王母黄岐塘。

黄成琏 生卒年不详。清新安县大鹏城人，曾任大鹏左哨把总。清乾隆五十四年（1789），随部征安南（今贵州晴隆县）。在一次驾舟侦察敌情中，与敌遭遇而死。朝廷封其弟黄成凤为恩骑尉。

叶遇高 生卒年不详。清新安县大鹏城人，曾任碣石营千总。清嘉庆十四年，奉调率部在香港赤沥角大屿山围攻海盗张保仔。战斗中，奋勇争先，力竭被杀。朝廷封其弟叶遇福为云骑尉。

殷胜发 生卒年不详。清新安县大鹏城人，官至千总。清嘉庆十四年，广东珠江口一带海盗猖獗，殷胜发奉命在磨刀洋设防。后遭海盗围攻，殷胜发率部力战，终因寡不敌众而死。朝廷封其子殷桂芳为云骑尉。

赖信扬 生卒年不详。清新安县大鹏城人，赖世超三子。20 岁加入兄长赖英扬部队，曾任清军下级和中级军官。因足智多谋，神奇出兵，屡立战功，得到朝廷的赏识和嘉奖。封建威将军，御赐红顶花翎。

赖恩锡 生卒年不详。古新安县大鹏城人，赖信扬四子。出生军旅世家，从小立志报国，18 岁从戎。赖恩锡对敌作战勇猛，在战斗中屡建奇功，后封晋武功将军，御赐蓝顶花翎。

杨耀宗 生卒年不详。清道光二十六年署香山协左营守备。清咸丰二年（1852）署香山协右营都司。清咸丰四年，署理香山协左营都司。清咸丰八年复署香山协左营都司。2003年6月21日，大鹏所城西山（蜈蚣岭）发现其清光绪二十年迁墓地，原葬时间不详。墓碑“皇清诰授武显将军显考讳耀宗杨大人墓，祀男大鹏营左营把总”上称其为武显将军。

戴卓文（戴东京）（1903—1931） 鹏城村人。1925年在邓中夏、苏兆征、林伟民领导下参加和组织“省港大罢工”运动。1925年加入中国共产党，在广州出席中国第二次全国劳动大会，当选为中华全国总工会执行委员。1926年在广州组织领导工人运动，任中华全国总工会驻广州办公室主任，随后在中共安排下参加北伐战争。1931年在青岛被捕，后被杀害。

戴卓文

杨仲安（1907—1978） 鹏城村人。早年求学于香港，后当过海员。1926年随舅父赴美，投考华侨创办的航空学校学习飞行技术。回国后于1933年1月考入国民党空军军官学校第三期飞行科，毕业后任飞行教官。1938年任空军军官学校高级班轰炸组组长。1940年任空军第一大队中队长，翌年升任大队长。1946年后，历任某地区司令部参谋长、空军总司令部通讯处处长、安全处处长等职。1955年任台湾空军通讯联队联队长，后任空军通讯电子学校校长。1965年任空军训练司令部少将副司令。退休后居台湾，1978年病逝。

刘锦进（刘黑仔）（1917—1946） 鹏城村人。1935年“一二·九”运动后，积极参加抗日救亡运动。1939年加入中国共产党，随后参加惠宝人民抗日游击总队。1941年任广东人民抗日游击队惠阳大队手枪队小组长，活动于龙岗、坪山、葵涌一带。因枪法准确，有“神枪手”之称。1941年香港沦陷后，参加广东人民抗日游击总队港九独立大队，先后被任命为短枪队副队长、队长，率队在香港西贡、九龙一带进行抗日活动，出色地完成运送武器、营救国际友人和收集军事情报等任务。刘锦进常常神出鬼没地袭击日军，炸毁敌人仓库、机场、火车、桥梁，弄得敌人寝食不安，成为名扬港九的传奇式人物。1944年参加东江干校学习。1945年调到北江参加东江纵队西北支队任支队参谋兼短枪队队长。1946年东江纵队准备北撤山东，他奉命率短枪队随东江纵队粤北指挥部留在南雄、始兴一带坚持活动。5月在南雄和江西交界处界址圩调解一宗民事纠纷时，遭敌伏击牺牲。遗体埋葬在江西省全南县正合乡鹤子坑村。1987 年春，迁葬于大鹏镇鹏城村革命烈士陵园。

赖仲元（1918—1988） 鹏城村人，赖恩爵后人。1938 年日本侵略者在大亚湾登陆后，赖仲元积极投身抗日救亡运动，10 月加入中国共产党。此后，赖仲元历任地下党乡党支部书记、区委书记、东江纵队独立中队政委、东江纵队特派员等职。1944 年，赖仲元担任广九路东新一区区委书记兼区长。

赖仲元

抗战胜利后，赖仲元在惠阳地区镇隆、永源一带领导武装斗争，担任东江江南第二战线政委。1946 年，他跟随东纵司令员曾生，在惠阳地区的惠州、坪山、多祝等地，与敌人展开斗争。6 月底，赖仲元随东纵北撤到山东，历任华东军政大学教导员、华东党校营团队队长、华东野战军司令部粟裕将军随从参谋等职务。

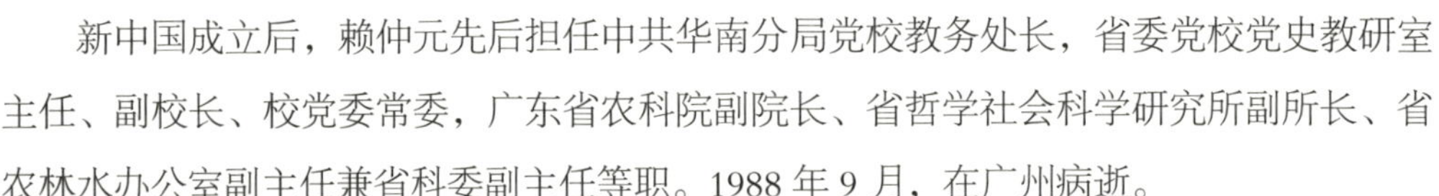

新中国成立后，赖仲元先后担任中共华南分局党校教务处长，省委党校党史教研室主任、副校长、校党委常委，广东省农科院副院长、省哲学社会科学研究所副所长、省农林水办公室副主任兼省科委副主任等职。1988 年 9 月，在广州病逝。

戴机（戴基、戴子机）（1921—1993） 鹏城村人。1938 年 10 月入伍，并加入中国共产党，在新编大队任无线电台报务员。1940 年 9 月，任八路军香港办事处秘密电台报务员。1942 年 2 月，任广东人民抗日游击总队电台台长，东纵司令部电台总台长。1946 年 4 月任军调处第八执行小组通信官。6 月底，随东纵北撤山东。1947 年 8 月，在华东军政大学结业后，任渤海军区第三军分区通信科科长。1949 年 11 月，任中南军区气象处通信科科长。1954 年 11 月转业，曾任广州市电信局局长、广州市城市规划委员会副主任、中共广州市顾问委员会委员、广州市花园酒店董事长等职。1993 年 5 月在广州病逝。

梁锦浩

梁锦浩（1925—2014） 鹏城村人。20 世纪 50 年代初，从香港回到家乡，积极支持家乡发展教育事业。他以“国富家强、造育英才”为兴学宗旨，发动海内外华侨关心家乡教育事业，并倡议捐款兴建大鹏华侨中学。1976 年 11 月，他筹划成立香港大鹏同乡会，并被推选为同乡会会长。

柯彩凤（1928—1948） 鹏城村人。是村里有名的民歌手。

1944 年年初参加东江纵队，同年 8 月随部队挺进粤北，任卫生员。抗战胜利后，东江纵队主力北撤山东烟台，柯彩凤留在五岭地区坚持斗争。1947 年 4 月加入中国共产党。国民党军队进攻粤赣湘边游击区时，在医务人员少、药品少、伤员多的情况，柯彩凤向群众学习土方治病，挽救了不少伤员的生命。1948 年夏，柯彩凤奉命带三名伤员到深山隐蔽治疗。由于叛徒出卖，敌人包围了伤员隐蔽地点。柯彩凤当时尽管有孕在身，但还是搀扶着三名伤员掩护其安全撤离，但柯彩凤不幸中弹受伤被俘。被俘后惨遭杀害，年仅 20 岁。

罗贵（1929—1997） 鹏城村人。1942 年参加东江纵队，1946 年加入中国共产党。解放战争时期参加了华东战场和解放广东的战斗，曾任顺德剿匪大队长。1952 年被部队党委送中学学习，之后到广州装甲兵司令部任科长。1958 年入炮兵工程学院学习，1963 年毕业后任 439 仓库主任。1964 年后历任桂林军区后勤二十分部军需处处长、副参谋长、参谋长等职。参加过抗美援朝、对越自卫反击战等。1997 年在广州逝世。

毕传有（1947—2007） 鹏城村人。1964 年赴香港谋生。1970 年赴荷兰。1975 年，在荷兰开设第一家中餐馆。1984 年，他筹建了一座富有浓郁中特色的豪华船体书舫——“海上皇宫”。1994 年，在阿姆斯特丹开设皇鹰广场酒店、长运房地产有限公司和旅行社。他全力投入阿姆斯特丹市“新中国城”建设，并受聘任荷兰阿姆斯特丹新中国城基金会主席。毕传有为中荷友谊、中国和荷兰的互惠贸易作出了突出贡献。1998 年，被授予深圳市荣誉市民称号。

毕传有

◉ 名人与鹏城

花茂谏言筑卫所 花茂（？—1397），安徽巢县人。官至广东都指挥使。明洪武十三年（1380），调任广州左卫，期间多次平定广东地区的乱贼，对广东沿海一带的安全情况十分了解。花茂认为广东南临大海，是犯法作乱之徒的藏身之地，东莞、笋冈等县逋逃的蜑户，附居于海岛，遇上官军则诡称捕鱼，遇番贼则一同作乱。不如把他们征籍为兵，这样可以约束他们。明洪武二十七年，花茂又上奏建言：“请设沿海依山广海、碣石、神电等二十四卫所，筑城浚池，收集海岛隐料无籍等军，仍于山海要害地立堡屯军，以备不虞。”得到明朝廷的批准。花茂不顾年老衰弱之躯，跋涉千里巡察广东沿海形势，到处相度山川地理，先后在碣石、广海、东莞等地督建二十四卫所城池，大鹏所城由此诞生。

翰墨将军张玉堂拳书“海镜” 张玉堂（1794—1870），字翰生，号应鳞，自称翰墨将军，广东归善桃园（今惠州惠城区）人 。官至大鹏协副将，从二品。因才华出众，在军界有“儒将”之誉，为晚清时期著名诗人和书法家。

张玉堂行伍出身，由于作战英勇，有谋略，于是屡获升迁。清咸丰四年（1854），张玉堂升任大鹏协副将。是年农历七月，惠州天地会首领罗亚添率起义军攻陷九龙寨城，是役，据清光绪《广州府志》记载，张玉堂等在九龙寨城被占领 12 天后就收复了阵地，取得了赫赫战功。其在任期间组织军民在香港修筑马路，阻止外国人擅自闯入，维护当地社会秩序与治安。著有《公余闲咏》集。

游击队长刘培除海盗 刘培（1922—2002），少年时期先后在香港潘墨香学校和文化学校读书。15 岁投身革命。

1942—1943 年，一支海盗队伍盘踞在较场尾，常常出没在大亚湾海域打劫来往香港的货船，又到附近的村庄打家劫舍。当地的村民已遭受粮荒灾难又受土匪迫害，生活雪上加霜，无奈的村民们只好求助于广东人民抗日游击队。时任独立中队长刘培获悉后，决定铲除这些海盗。但海盗行踪不定，其行动轨迹难以摸清，且海盗成员分别在龙岐湾沿岸，想要一举击破实属不易。经过研究后，刘培决定派一人潜入海盗队伍内，查清较场尾的海盗据点分布，摸清楚其行动规律。一晚，海盗队伍聚集在较场尾商议事宜，刘培得知情报后迅速开展行动，当场抓获全伙海盗队，一举端掉全部海盗，为民除害。刘培此举成功地维护了龙岐湾海域的安全，恢复了商船的来往，深得村民们的赞誉。

大事纪略

大鹏所城于明洪武二十七年（1394）建成后，每一个历史阶段都留下了深刻的岁月印痕。从鹏城遗留下来的大量文物古迹到鹏城村获得“中国历史文化名村”称号，以及中央电视台拍摄的《鹏城村——忧天下，担道义》纪录片，都描绘出了古村落形成与发展的恢弘画卷。

◉ 清顺治年间李万荣据城

清顺治四年（1647），李万荣起兵反清，率余部攻破大鹏所城，据守龙岐湾，并以此为据点对抗清朝廷，历时 10 年。清顺治十三年，李万荣被总兵黄应杰招降。李万荣投降后，新安县知县傅尔植奏请改设大鹏所防守营。

◉ 清朝鹏城村迁海

清初，为巩固政权，打击郑成功的反清复明力量，清朝廷于清顺治十三年和清顺治十八年分别颁布《禁海令》和《迁海令》（又称《迁界令》），规定江南、浙江、福建、广东 4 省的所有沿海居民和官兵都内撤 15 ～ 25 千米。因两次“迁海”未达预期效果，郑成功的势力仍活跃在东南沿海，清朝廷于清康熙三年（1664）再次实施迁海。

迁海事件导致鹏城村民远走他乡、流离失所。清康熙八年，经多位官员上书力陈迁海的种种弊端，清朝廷才降旨局部“展界”，即部分沿海地方放开禁令，允许居民入住，但仍规定“展陆不展海”。因不允许入海，鹏城村民的生活依然很困难。直至清康熙二十三年收复台湾岛后，朝廷才下令撤除海禁、完全复界。经过迁海与复界，大量客家人开始进入新安县（包括鹏城村）。因此，鹏城村村民除原来的军户外，客家人占据较大比重。

◉ 1944 年东江抗日军政干部学校开办

1944 年，随着抗日斗争的深入，东江纵队力量不断扩大，已由原来的几十人发展到近万人。为了提高部队的战斗力和干部的文化水平，根据党中央指示，东江纵队在东山寺开办了“东江抗日军政干部学校”，由东纵副司令员王作尧兼任校长，李东明任政委，林鹗任教育长，饶卫华任秘书长。军政干部学校在东山寺先后培训了两期学员。第一期对连、排干部进行政治、军事、文化教育训练，学员 200 多人，设军事队和政治队两个培训队。第二期是培训排、班干部，并招收一部分中学生、高小生，设立了党员队和学生队，约 400 人，学制为半年。

◉ 2003 年“田地”牌蔬菜被批准为品牌蔬菜

1996 年，深圳市农业暨菜篮子工程办公室在鹏城村北侧规划了两块地作为农业保护用地。其中一块在打马坜水库附近，约 480 亩，由市农业发展公司经营，主要用来养殖水鱼和鳗鱼；另一块在田心村，共 737 亩，由市果菜公司负责种植蔬菜。蔬菜基地规模化、专业化程度高，较好地克服了水源不足、土壤瘦脊等困难，并适应当地的气候、土壤、水源等自然条件，成功种植了萝卜、青菜、豆角等 50 多个蔬菜品种。其蔬菜主要供应大鹏、葵涌、南澳等镇，保证大鹏半岛市场对新鲜蔬菜的需求。2003 年，经广东省农业厅审核，田心自然村生产的“田地”牌蔬菜被批准为品牌蔬菜。

◉ 2003 年鹏城村获“中国历史文化名村”称号

鹏城社区内分布了众多的历史遗迹，如大鹏所城、东山寺，是深圳地区历史文化发展的见证。大鹏所城是目前中国保存最完整的明清海防卫所，对研究明代的“卫所制度”、中国海防军事史、城镇规划建设史、明清民俗文化及岭南地区古建筑史都有重要的价值意义。1983 年 5 月和 1984 年 9 月，大鹏所城内的赖恩爵将军第、刘起龙将军第、南门、东门等 8 处文物先后被确定为深圳市重点文物保护单位。

1988 年，大鹏所城被深圳市人民政府公布为市级文物保护单位。1989 年，大鹏所城被列为省级文物保护单位。1996 年，成立了以文物保护、历史研究和旅游开发为宗旨的大鹏古城博物馆对大鹏所城开始进行科学保护和管理。2001 年，大鹏所城被国务院公布为第五批全国重点文物保护单位。2003 年鹏城村被建设部、国家文物局授予“中国历史文化名村”称号。

◉ 2005 年鹏城股份合作公司成立

2004 年 10 月 27 日，鹏城社区选举产生第一届股东代表。2004 年 10 月 29 日，由股东代表大会选举产生第一届公司董事会、监事会和集体资产管理委员会组成人员。后董事会聘请公司经理、副经理负责具体管理和运作。2005 年 3 月 11 日，鹏城股份合作公司成立，注册资本 6263.63 万元，由原经济发展公司及其下属东南、东北、西南、西北、乌涌、四合、较场尾 7 个自然村集体经济合作社改制而成。截至 2018 年底，有股东 1488 人，公司年度利润 2769 万元。

◉ 2007 年大鹏太平清醮习俗入选广东省非物质文化遗产名录

大鹏太平清醮习俗始于明代，开始为纪念阵亡军士和超渡海上罹难的孤魂而举行的一种祭祀活动，亦称之为“打瘟醮”。后战事减少，处于太平盛世，所以延续为做“太平清醮”。2006 年 12 月，大鹏追念英烈习俗入选深圳市人民政府公布的第一批非物质文化遗产保护名录，2007 年入选广东省非物质文化遗产名录。

◉ 2014 年《鹏城村——忧天下，担道义》纪录片拍摄

2014 年 11 月，中央电视台中文国际频道《记住乡愁》节目摄制组走进鹏城社区大鹏所城，进行为期半个月的拍摄，记录海边古村独特民俗、建筑和海防文化传承，并命题为《鹏城村——忧天下，担道义》。纪录片通过讲述清代名将赖恩爵指挥九龙海战，守城将士后代弘扬忠义精神等故事。

鹏城美丽乡村一角

附录

鹏城社区乡规民约

为创建文明和谐的社区，营造文明、安全、优美、整洁的居住环境，特制定以下公约，望全体居民共同遵守执行。

一、弘扬社会主义核心价值观，爱党、爱国、爱社会主义，学法、知法、守法，自觉维护社区治安和公共秩序。

二、自觉遵守文明道德守则，大力倡导“讲文明、守公约、除陋习、树新风、提素质”，勤俭节约，反对铺张浪费。

三、邻里和睦，相互尊重，团结友爱，敬老爱幼；礼貌待人，讲文明语言，行文明礼仪，养成文明习惯。

四、崇尚科学，学习科学文化知识，抵制各类邪教组织，不参与赌博、吸毒等违法活动。

五、爱护公共卫生，生活垃圾及时分类入箱，做到不乱吐痰，不乱扔垃圾，不毁坏绿地，不在公共场所吸烟，不说粗话脏话，不乱涂乱贴，不随地大小便，爱护社区环境。

六、不在住宅周围乱搭乱建，街道旁不乱堆乱放，保护街道干净整洁。

七、装修房屋不改变结构，不噪声扰民，建筑垃圾及时清运。

八、保持阳台、楼道整洁，不乱堆物品，防止高空坠物，不高空抛物。

九、不饲养家禽，文明养犬，及时防疫，不让其到处乱窜、大小便和扰民。

十、节约用水、用电，维护社区公共设施。

十一、防火防盗，群防群治，安全用水用电，提高安全防范意识。

十二、积极参加社区公益、文体活动，共创和谐、文明社区。

（2017 年 12 月 31 日）

社区党员大会制度

第一条 为加强对社区党组织的工作进行指导和监督，确保党员参与到党组织决策中，结合实际情况，制定本制度。

第二条 社区党员大会一般每季度召开一次，可同党日活动相结合，由社区党委书记或副书记主持召开，有表决权的到会人数超过应到会有表决权人数的半数时，会议才能召开。

第三条 社区党员大会讨论以下问题：

1. 讨论和通过党委委员会的工作报告及做出决议，动员全体党员完成党组织的工作任务。

2. 选举党委委员会委员。

3. 选举出席上级党员代表大会的代表；罢免不称职的党委委员会委员。

4. 讨论发展党员和民主评议党员。

5. 讨论上级党组织布置的和本单位党的委员会提交的其他问题。

第四条 由于讨论议题需要，社区党员大会可请上级党委派人参加，还可吸收入党积极分子和其他相关人员参加。

第五条 凡需由社区党员大会做出表决的问题，可采取举手或无记名投票的方式进行表决，有表决权的正式党员实到会人数超过应到会人数的三分之二才能召开党员大会讨论及投票表决（选举应有五分之四以上的正式党员出席），赞成票超过应到会有表决权的党员半数以上，方为有效。

第六条 社区党员大会通过的决议，党委委员会要认真研究，制定贯彻的措施，并明确分工，责任到人，具体组织落实。每个党员对社区党员大会的决议，必须坚决服从，认真执行。对因故没有参加社区党员大会的党员，应由党组织书记或委员向他们传达。对于持不同意见者，允许保留意见，但在决议未改变之前，必须执行。

第七条 社区党组织书记应根据上级党委的要求，汇报会议情况。

第八条 社区党委党员大会的决议，下属各党支部参照执行。

社区居民代表会议制度

第一章 总则

第一条 为了保障居民享有宪法赋予的权力和承担相应的义务，实行居民自治，推动民主政治建设，根据国家宪法和《居委会组织法》的精神，特制定本制度。

第二条 居民代表会议是经居民会议民主选举、产生的居民代表组成的群众性议事组织，居民通过代表以这种组织形式参政议政，监督评议干部，实行民主决策，维护居民的合法权益。

第三条　居民代表任期同居委会一致，每届任期三年。行使居民会议赋予的权力，主要包括参政议政权，反映居民的意见和工作的建议权，对居委干部工作和居委财务开支的监督权等。居民代表采取会议的形式和多数通过原则，集中反映群众意见，提交并监督居委会执行居民会议的决定。

第二章　居民代表会议的职能

第四条　参与重要居务的决策，使居委干部减少或避免工作中的失误。

第五条　根据居民意见，制定完善《鹏城社区居民公约》。

第六条　监督居委会工作，增强居委干部办事透明度。

第七条　对居委干部进行民主评议。

第八条　讨论决定涉及全体居民利益的其他重大事项。

第三章　居民代表的条件及产生方式

第九条　居民代表应具有先进性、群众性和代表性。具体条件是：有一定的政策理论水平，热心为群众服务，积极参政议政，坚持原则，公道正派，群众信任，威望较高。

第十条　代表的产生，在未产生居民代表之前，由居委会主任主持召开居民会议，以各居民小组为单位，民主选举产生代表作为本届居民代表成员，并张榜公布。

第四章　居民代表的职责

第十一条　认真学习党和国家的法律法规和方针政策，增强民主法制意识，不断提高自身参政议政能力，做到依法监督。

第十二条　坚持代表固定联系居民户制度，每个代表联系 5 ～ 10 户。通过会议或个别交谈等形式，随时收集反映居民的意见和要求，提出有关合理化建议。协调疏通好干群关系，做好居民的政治思想工作。

第十三条　参与影响社区经济发展和社会稳定及精神文明建设等有关重大事项的决策，保障社区有关决策的正确性与合理性，并将决策事项宣传贯彻到群众中去。

第十四条　在各项工作中起模范带头作用，支持、协助社区干部工作，带头勤劳致富和扶贫助残。

第五章　会议制度

第十五条　居民代表会原则上每半年召开一次例会，每年例会不得少于两次。

第十六条　例会的内容主要是汇报工作、研讨问题、布置工作、总结和表彰先进。

股东代表大会制度

第一条 公司实行股东代表大会制，股东代表大会为公司的最高权力机构。股东代表大会由集体股股东代表和个人股股东代表组成。

（一）公司集体资产管理委员会作为集体股股东代表。换届选举时，在新的集体资产管理委员会产生之前，由上届集体资产管理委员会代行集体股表决权。个人股的股东代表分别在各村小组按一定的比例从户代表中选举产生，以户口本为准，个人股股东代表须年满 18 周岁。个人股股东代表每届任期 3 年，可连选连任。

（二）股东代表出席股东代表大会，按其所代表的股份数量行使表决权，每代表一股份有一表决权。集体股股东代表按公司集体股股份数量行使表决权；个人股股东代表按其所代表的个人股股份数量行使表决权。个人股股东代表所代表的股份数量为公司的个人股股份总数除以个人股股东代表总人数的平均数，即每一个个人股股东代表所代表的股份数量相同。

（三）集体资产管理委员会主任代表集体资产管理委员会出席股东代表大会，并代理行使集体股表决权。集体资产管理委员会主任应按集体资产管理委员会的集体决议进行表决。

第二条 公司应当给集体股股东代表和个人股股东代表颁发作为其行使代表权利凭证的股东代表证书。股东代表证书应由董事长签名，公司盖章后生效，股东代表出席股东代表大会应持股东代表证书。

第三条 股东代表大会分为定期会议和临时会议。

股东代表大会每年召开一次年会。经代表四分之一股份以上的股东代表、三分之一以上董事或监事提议，应当召开临时会议。

第四条 股东代表大会行使下列职权：

（一）选举和更换董事，决定董事的薪酬事项；

（二）选举和更换由股东出任的监事，决定监事的薪酬事项；

（三）选举和更换集体资产管理委员会委员，决定其薪酬事项；

（四）审议批准集体资产管理委员会和董事会、监事会的报告；

（五）审议批准公司的年度财务预算方案、决算方案；

（六）审议批准公司利润分配方案和弥补亏损方案；

（七）对公司增加或者减少注册资本作出决议；

（八）对公司合并、分立、变更公司形式、解散和清算等事项作出决议；

（九）对公司向全体股东增股或配股等事项作出决议；

（十）审议批准个人股股权调整方案；

（十一）审议 20% 以上个人股股东代表或代表 20% 股份以上股东代表的联名提案；

（十二）修改公司章程；

（十三）审议公司董事会、监事会、集体资产管理委员会、经营班子在资产管理、经营管理、财务管理、公司法人治理结构等方面执行有关政策规定的情况；

（十四）公司章程规定的其他职权。

第五条 股东代表大会的决议分为普通决议和特别决议。

（一）股东代表大会通过普通决议：应当有代表过半数表决权的股东代表出席，并经出席会议的股东代表过半数通过。

下列事项由股东代表大会普通决议通过：

1. 集体资产管理委员会、董事会和监事会的工作报告；

2. 集体资产管理委员会、董事会和监事会成员的任免及其报酬和支付方法；

3. 公司年度预算方案、决算方案；

4. 公司年度报告；

5. 公司利润分配方案和弥补亏损方案；

6. 公司章程规定的由普通决议通过的其他事项。

（二）股东代表大会通过特别决议：应当有代表过半数表决权的股东代表出席，并以出席会议的股东代表三分之二以上通过。

下列事项由股东代表大会特别决议通过：

1. 公司增加或者减少注册资本；

2. 公司的分立、合并、解散；

3. 增股或配股；

4. 修改章程；

5. 公司对外借款、对外担保、对外投资；

6. 法律、行政法规或本章程规定的，以及股东代表会议认定会对公司产生重大影响的，需要以特别决议通过的事项。

第六条 召开股东代表大会，应当于会议召开10日前以书面或其他形式通知全体股东代表，并告之将要审议的事项。股东代表因故不能出席时，可书面委托其他股东代表代其出席会议，委托书应载明授权范围。受委托股东代表应当向董事会提交授权委托书，并在授权范围内行使表决权。

出席的股东代表达不到所代表表决权过半数时，会议应当延期10日举行，并再次通知全体股东代表。

延期后召开的股东代表大会，出席股东代表仍达不到所代表的表决权过半数时，应当视为已达法定数额，按实际出席股东代表计算股份表决权的比例达到前条规定的比例时，大会通过的决议即为有效。

股东代表大会应当对所议事项形成会议记录，出席会议的股东代表应当在会议记录上签名。会议记录应与出席股东代表大会的股东代表的签名册及代理出席的委托书一并保存。

第七条 股东代表大会结束后，股东代表应当及时向其所代表的其他股东通报会议内容。

社区股份公司董事会议事规则

第一条 公司设董事会。董事会是公司的经营决策和业务执行机构，对股东代表大会负责。

第二条 董事由股东代表大会选举产生，人数由股东代表大会确定，任期为3年，可连选连任，其中设董事长1名，副董事长1名，以全体董事过半数同意当选。

董事在任职届满前，股东代表大会不得无故解除其职务。

第三条 董事会行使以下职权：

（一）召集股东代表大会，并向股东代表大会报告工作；

（二）执行股东代表大会决议；

（三）决定公司经营计划；

（四）制订公司的年度财务预、决算方案和投资方案；

（五）制订公司的利润分配方案和弥补亏损方案；

（六）制订公司增加或减少注册资本方案；

（七）拟订公司合并、分立、变更公司形式、解散方案；

（八）拟订修改公司章程方案；

（九）决定公司内部管理机构的设置；

（十）聘任或者解聘公司经理，聘任或者解聘公司副经理、财务负责人，决定其报酬事项；

（十一）审查批准经理的工作报告；

（十二）提出公司破产申请；

（十三）制订公司基本管理制度；

（十四）制订公司个人股股权调整方案及公司募集股的发行方案；

（十五）其他应当由董事会决定的重大事项。

第四条　董事长是股份合作公司的法定代表人。副董事长协助董事长工作，董事长不能履行职务时，应指定副董事长或者其他董事代行其职权。

第五条　董事长行使下列职权：

（一）主持股东代表大会和召集、主持董事会会议；

（二）检查董事会决议的实施情况；

（三）提名经理、财务负责人等高级管理人员人选，交董事会讨论通过；

（四）签署公司股权证、股东代表证书；

（五）代表公司签署重要合同及其他重要文件；

（六）负责指导重要的业务活动；

（七）董事会授予的其他职权。

第六条　董事会会议由董事长召集并主持，董事长因特殊原因不能履行职务时，由董事长指定的副董事长或其他董事召集和主持。董事会会议每半年至少召开 1 次。

经董事长或者三分之一以上董事提议，应当召开董事会会议。

董事会会议应由全体董事过半数出席方可举行。

董事会决议应当经全体董事过半数同意方可通过，在争议双方表决票相同时，董事长具有决定权。

召开董事会会议，应当于会议召开前 10 日以书面方式通知全体董事。

董事会每次会议，须作详细的书面记录，并由全体出席董事签字。

董事会记录材料由公司存档、管理。

第七条 公司实行董事会领导的经理负责制，公司设经理 1 名，副经理 1 ～ 2 名，负责公司的生产和经营管理工作。

第八条 公司经理、副经理由董事会聘任或解聘，任期为 3 年。任期届满后，经董事会聘任后可连任。

董事长、董事经聘任可以兼任公司经理或副经理。

第九条 经理直接对董事会负责，执行董事会的各项决定，组织公司日常生产、技术和经营管理工作。副经理协助经理工作。

第十条 经理主要行使下列职权：

（一）主持公司的生产经营管理工作，组织实施股东代表大会或董事会决议；

（二）组织实施公司年度经营计划和投资方案；

（三）拟订公司内部管理机构设置方案；

（四）拟订公司的经营管理制度；

（五）制订公司的具体规章；

（六）提请聘任或者解聘公司副经理、财务负责人；

（七）聘任或者解聘除应由董事会聘任或者解聘以外的管理人员；

（八）公司章程或者董事会授予的其他职权；

（九）非董事成员的经理列席董事会会议。

◉ 主要参考文献

深圳市史志办公室编著:《深圳市十九镇简志》，海天出版社，1996 年。

宝安县地方志编纂委员会编:《宝安县志》，广东人民出版社，1997 年。

深圳市文物管理委员会编:《深圳文物志》，文物出版社，2005 年。

张一兵著:《嘉庆新安县志校注》，中国大百科全书出版社，2006 年。

张一兵著:《康熙新安县志校注》，中国大百科全书出版社，2006 年。

深圳市龙岗区地方志编纂委员会编:《深圳市龙岗区志（1993—2003）》，方志出版社，2012 年。

深圳市大鹏新区葵涌办事处、侨港葵涌同乡会编:《葵涌掌故》，海天出版社，2013 年。

深圳市规划和国土资源委员会编:《鹏城街话》，岭南美术出版社，2014 年。

深圳市史志办公室编:《深圳英烈》，深圳报业集团出版社，2016 年。

深圳市大鹏新区大鹏古城博物馆编著:《深圳市大鹏新区不可移动文物名录》，北京图书出版社，2017 年。

◉ 编纂始末

2017 年 9 月，根据深圳市史志办公室《关于贯彻落实中国名镇志、名村志文化工程的通知》要求，大鹏新区综合办公室决定开展《中国名村志丛书 · 鹏城社区志》(以下简称《鹏城社区志》) 的编撰工作。新区随之成立《鹏城社区志》编纂委员会，负责《鹏城社区志》的编纂组织与协调,《鹏城社区志》编纂委员会下设《鹏城社区志》编辑部负责具体的编纂工作。在充分征求有关单位意见的基础上，新区综合办制订了《〈鹏城社区志〉编纂实施方案》。同年 10 月，组织召开《鹏城社区志》撰稿培训暨动员大会，对近 30 名各部门资料收集及编写人员进行系统培训。

2017 年 11 月及 2018 年清明前夕，为吸引社会各界人士、港澳台同胞和世界各地华人华侨参与到《鹏城社区志》的修编工作中来，新区综合办在《深圳晚报》《深圳侨报》等媒体进行专题宣传报道，并向香港大鹏同乡会、美国纽约大鹏同乡会、美国纽约大鹏育英总社、荷兰旅荷大鹏同乡会等海外社团发布《鹏城社区志》修编信息，广泛征集鹏城社区文字、图片、实物以及重点人物线索等资料，使《鹏城社区志》内容更为客观、翔实。

2017 年 12 月，新区党工委书记王京东，新区党工委委员、综合办公室主任王继良分别对《鹏城社区志》的编撰工作作出批示，要求做好编撰工作。同年 12 月 18 日，中国地方志指导小组秘书长，中国地方志指导小组办公室党组书记、主任冀祥德，广东省人民政府地方志办公室主任陈华康，深圳市史志办公室副主任王地久等一行到大鹏所城参观，对《鹏城社区志》的编撰工作提出要求，并寄予期望。

2018 年 10 月，志书初稿基本形成。11 月 20 日，深圳市史志办公室召开志稿复审会，市史志办主任杨立勋及到会的方志专家对志稿提出了宝贵的修改意见。随后,《鹏城社区志》编纂人员根据修改意见逐一修改，补充资料。至 2019 年 1 月再次报呈深圳市史志办审阅。经修改，于 2019 年 2 月逐级上报广东省地方志办及中指办。7 月，通过中指办审核。

在《鹏城社区志》编纂过程中，得到中指组及其办公室、广东省地方志办公室、深圳市史志办、大鹏办事处、大鹏古城博物馆、鹏城社区、鹏城社区股份合作公司、鹏城社区各居民小组以及侨居海外的鹏城社区籍华人华侨的大力支持，在此一并表示诚挚的谢意。

鉴于编修人员水平所限，时日短促、资料难求，因而在史料的准确性、内容的鲜明性、文字的严谨性、体例的完备性方面尚存不足。恳祈专家、学者及读者批评指正。

编者

2019 年 11 月

古城灯火（2018 年）